基于经常项目失衡的金融危机研究

A Study on Financial Crises from the Perspective of Current Account Imbalances

匡可可 著

图书在版编目（CIP）数据

基于经常项目失衡的金融危机研究/匡可可著. —北京：经济管理出版社，2014.10
ISBN 978-7-5096-3319-9

Ⅰ. ①基…　Ⅱ. ①匡…　Ⅲ. ①金融危机—研究　Ⅳ. ①F830.99

中国版本图书馆 CIP 数据核字（2014）第 194515 号

组稿编辑：宋　娜
责任编辑：宋　娜　侯春霞
责任印制：黄章平
责任校对：超　凡

出版发行：经济管理出版社
（北京市海淀区北蜂窝 8 号中雅大厦 A 座 11 层　100038）
网　　址：www. E-mp. com. cn
电　　话：（010）51915602
印　　刷：三河市延风印装厂
经　　销：新华书店
开　　本：720mm×1000mm/16
印　　张：12.75
字　　数：209 千字
版　　次：2014 年 10 月第 1 版　　2014 年 10 月第 1 次印刷
书　　号：ISBN 978-7-5096-3319-9
定　　价：68.00 元

编委会及编辑部成员名单

序　一

博士后制度是19世纪下半叶首先在若干发达国家逐渐形成的一种培养高级优秀专业人才的制度，至今已有一百多年历史。

20世纪80年代初，由著名物理学家李政道先生积极倡导，在邓小平同志大力支持下，中国开始酝酿实施博士后制度。1985年，首批博士后研究人员进站。

中国的博士后制度最初仅覆盖了自然科学诸领域。经过若干年实践，为了适应国家加快改革开放和建设社会主义市场经济制度的需要，全国博士后管理委员会决定，将设站领域拓展至社会科学。1992年，首批社会科学博士后人员进站，至今已整整20年。

20世纪90年代初期，正是中国经济社会发展和改革开放突飞猛进之时。理论突破和实践跨越的双重需求，使中国的社会科学工作者们获得了前所未有的发展空间。毋庸讳言，与发达国家相比，中国的社会科学在理论体系、研究方法乃至研究手段上均存在较大的差距。正是这种差距，激励中国的社会科学界正视国外，大量引进，兼收并蓄，同时，不忘植根本土，深究国情，开拓创新，从而开创了中国社会科学发展历史上最为繁荣的时期。在短短20余年内，随着学术交流渠道的拓宽、交流方式的创新和交流频率的提高，中国的社会科学不仅基本完成了理论上从传统体制向社会主义市场经济体制的转换，而且在中国丰富实践的基础上展开了自己的伟大创造。中国的社会科学和社会科学工作者们在改革开放和现代化建设事业中发挥了不可替代的重要作用。在这个波澜壮阔的历史进程中，中国社会科学博士后制度功不可没。

值此中国实施社会科学博士后制度20周年之际，为了充分展示中国社会科学博士后的研究成果，推动中国社会科学博士后制度进一步发展，全国博士后管理委员会和中国社会科学院经反复磋商，并征求了多家设站单位的意见，决定推出《中国社会科学博士后文库》(以下简称《文库》)。作为一个集中、系统、全面展示社会科学领域博士后优秀成果的学术平台，《文库》将成为展示中国社会科学博士后学术风采、扩大博士后群体的学术影响力和社会影响力的园地，成为调动广大博士后科研人员的积极性和创造力的加速器，成为培养中国社会科学领域各学科领军人才的孵化器。

创新、影响和规范，是《文库》的基本追求。

我们提倡创新，首先就是要求，入选的著作应能提供经过严密论证的新结论，或者提供有助于对所述论题进一步深入研究的新材料、新方法和新思路。与当前社会上一些机构对学术成果的要求不同，我们不提倡在一部著作中提出多少观点，一般地，我们甚至也不追求观点之“新”。我们需要的是有翔实的资料支撑，经过科学论证，而且能够被证实或证伪的论点。对于那些缺少严格的前提设定，没有充分的资料支撑，缺乏合乎逻辑的推理过程，仅仅凭借少数来路模糊的资料和数据，便一下子导出几个很“强”的结论的论著，我们概不收录。因为，在我们看来，提出一种观点和论证一种观点相比较，后者可能更为重要：观点未经论证，至多只是天才的猜测；经过论证的观点，才能成为科学。

我们提倡创新，还表现在研究方法之新上。这里所说的方法，显然不是指那种在时下的课题论证书中常见的老调重弹，诸如“历史与逻辑并重”、“演绎与归纳统一”之类；也不是我们在很多论文中见到的那种敷衍塞责的表述，诸如“理论研究与实证分析的统一”等等。我们所说的方法，就理论研究而论，指的是在某一研究领域中确定或建立基本事实以及这些事实之间关系的假设、模型、推论及其检验；就应用研究而言，则指的是根据某一理论假设，为了完成一个既定目标，所使用的具体模型、技术、工具或程序。众所周知，在方法上求新如同在理论上创新一样，殊非易事。因此，我们亦不强求提出全新的理论方法，我们的最低要求，是要按照现代社会科学的研究规范来展开研究并构造论著。

我们支持那些有影响力的著述入选。这里说的影响力，既包括学术影响力，也包括社会影响力和国际影响力。就学术影响力而言，入选的成果应达到公认的学科高水平，要在本学科领域得到学术界的普遍认可，还要经得起历史和时间的检验，若干年后仍然能够为学者引用或参考。就社会影响力而言，入选的成果应能向正在进行着的社会经济进程转化。哲学社会科学与自然科学一样，也有一个转化问题。其研究成果要向现实生产力转化，要向现实政策转化，要向和谐社会建设转化，要向文化产业转化，要向人才培养转化。就国际影响力而言，中国哲学社会科学要想发挥巨大影响，就要瞄准国际一流水平，站在学术高峰，为世界文明的发展作出贡献。

我们尊奉严谨治学、实事求是的学风。我们强调恪守学术规范，尊重知识产权，坚决抵制各种学术不端之风，自觉维护哲学社会科学工作者的良好形象。当此学术界世风日下之时，我们希望本《文库》能通过自己良好的学术形象，为整肃不良学风贡献力量。

中国社会科学院副院长

中国社会科学院博士后管理委员会主任

2012 年 9 月

序　二

在21世纪的全球化时代，人才已成为国家的核心竞争力之一。从人才培养和学科发展的历史来看，哲学社会科学的发展水平体现着一个国家或民族的思维能力、精神状况和文明素质。

培养优秀的哲学社会科学人才，是我国可持续发展战略的重要内容之一。哲学社会科学的人才队伍、科研能力和研究成果作为国家的"软实力"，在综合国力体系中占据越来越重要的地位。在全面建设小康社会、加快推进社会主义现代化、实现中华民族伟大复兴的历史进程中，哲学社会科学具有不可替代的重大作用。胡锦涛同志强调，一定要从党和国家事业发展全局的战略高度，把繁荣发展哲学社会科学作为一项重大而紧迫的战略任务切实抓紧抓好，推动我国哲学社会科学新的更大的发展，为中国特色社会主义事业提供强有力的思想保证、精神动力和智力支持。因此，国家与社会要实现可持续健康发展，必须切实重视哲学社会科学，"努力建设具有中国特色、中国风格、中国气派的哲学社会科学"，充分展示当代中国哲学社会科学的本土情怀与世界眼光，力争在当代世界思想与学术的舞台上赢得应有的尊严与地位。

在培养和造就哲学社会科学人才的战略与实践上，博士后制度发挥了重要作用。我国的博士后制度是在世界著名物理学家、诺贝尔奖获得者李政道先生的建议下，由邓小平同志亲自决策，经国务院批准于 1985 年开始实施的。这也是我国有计划、有目的地培养高层次青年人才的一项重要制度。二十多年来，在党中央、国务院的领导下，经过各方共同努力，我国已建立了科学、完备的博士后制度体系，同时，形成了培养和使用相结合，产学研相结合，政府调控和社会参与相结合，服务物质文明与精神文明建设的鲜明特色。通过实施博士后制度，我国培养了一支优秀的高素质哲学社会科学人才队伍。他们在科研机构或高等院校依托自身优势和兴趣，自主从事开拓性、创新性研究工作，从而具有宽广的学术视野、突出的研究能力和强烈的探索精神。其中，一些出站博士后已成为哲学社会科学领域的科研骨干和学术带头人，在“长江学者”、“新世纪百千万人才工程”等国家重大科研人才梯队中占据越来越大的比重。可以说，博士后制度已成为国家培养哲学社会科学拔尖人才的重要途径，而且为哲学社会科学的发展造就了一支新的生力军。

哲学社会科学领域部分博士后的优秀研究成果不仅具有重要的学术价值，而且具有解决当前社会问题的现实意义，但往往因为一些客观因素，这些成果不能尽快问世，不能发挥其应有的现实作用，着实令人痛惜。

可喜的是，今天我们在支持哲学社会科学领域博士后研究成果出版方面迈出了坚实的一步。全国博士后管理委员会与中国社会科学院共同设立了《中国社会科学博士后文库》，每年在全国范围内择优出版哲学社会科学博士后的科研成果，并为其提供出版资助。这一举措不仅在建立以质量为导向的人才培养机制上具有积极的示范作用，而且有益于提升博士后青年科研人才的学术地位，扩大其学术影响力和社会影响力，更有益于人才强国战略的实施。

今天，借《中国社会科学博士后文库》出版之际，我衷心地希望更多的人、更多的部门与机构能够了解和关心哲学社会科学领域博士后及其研究成果，积极支持博士后工作。可以预见，我国的博士后事业也将取得新的更大的发展。让我们携起手来，共同努力，推动实现社会主义现代化事业的可持续发展与中华民族的伟大复兴。

王晓初

人力资源和社会保障部副部长

全国博士后管理委员会主任

2012 年 9 月

摘 要

综观世界众多金融危机案例，发生金融危机之前往往会出现经常项目逆差，这表明长期经常项目逆差是金融危机发生的重要原因。美国次贷危机是长期经常项目逆差引发的金融危机首次发生在发达国家，这为我们研究经常项目失衡和金融危机提供了新的视角，也提出了新的问题：①发展中国家经常项目逆差引发金融危机与发达国家经常项目逆差引发金融危机在经常项目逆差对经济的影响路径上、经济的变化状况上究竟有什么区别？②同样是经常项目逆差，有的国家发生了金融危机，有的国家没有发生，那么，经常项目逆差在遇到什么因素冲击时才会引发金融危机？③经常项目顺差是否都是“好的失衡”？经常项目顺差的可持续性与金融危机的关系如何？

为了回答上述问题，本书在充分梳理相关文献，归纳墨西哥、泰国、印度尼西亚、马来西亚、菲律宾等发展中国家和美国、希腊、爱尔兰、葡萄牙、西班牙等发达国家在金融危机爆发前经常项目失衡状况的基础上，基于经常项目的跨时期分析方法，构建了一个既包含发达国家又囊括发展中国家，既考虑经常项目逆差又涉及经常项目顺差的研究框架。在这个框架下，本书构建了一个包含商品市场、资本市场和劳动力市场的一般均衡动态模型，分析经常项目逆差引发发达国家和发展中国家金融危机的路径；基于样本国家经常项目逆差引致金融危机的现实情况，分析发达国家和发展中国家经常项目失衡的影响因素，探讨两类国家经常项目逆差引发金融危机的路径差异；运用 Logit 模型、递归式单位根检验、协整检验等方法，探讨经常项目失衡的可持续性问题及经常项目失衡引发金融危机的可能性；借助经常项目跨时期分析方法，全面考察经常项目失衡的优劣、风险以及可持续性问题。本书得出以下基本结论：

就经常项目逆差引发发展中国家和发达国家金融危机的路径差异而言，首先，虽然发达国家和发展中国家出现经常项目失衡和金融危机的根本原因都在于国内经济失衡，但相比之下发达国家经常项目逆差难以持续的主要原因是经济增长乏力和经济过度泡沫化造成资本项下的资金流入无法弥补经常项目逆差，更多的是由于本国经济的问题；而发展中国家一方面比较容易受外部因素如发达国家汇率或利率变动的影响，另一方面由于发展中国家的固定汇率制在经常项目长期逆差的情况下非常容易引发投机攻击，因此发展中国家危机的爆发点主要是汇率失衡及国际资本流动的突然逆转。其次，一般来说，当经常项目失衡不可持续时，发达国家可以把境外资本调回本国来改善其国际收支状况，而且由于发达国家的经济实力雄厚，在危机发生时投资者出于避险动机甚至会增加对发达国家国债的购买，资本流动突然逆转的现象并不严重；相反，发展中国家的经济实力较弱，一旦资本开始撤离就是全方位的撤离，而且一般也没有太多海外资金可以抽调，因此危机对经济产生的破坏性影响也就更大。最后，发达国家为经常项目逆差融资的途径比发展中国家更为多样化，这就表现为发达国家经常项目逆差持续的时间普遍比发展中国家长。另外，发达国家为经常项目逆差融资所借的外债一般以本国货币计价，而发展中国家经常项目逆差累积造成的外债一般都是以美元等国际货币计价，一旦资本撤离，本国货币大幅贬值，其债务负担将大幅增加。

就经常项目失衡引发金融危机的原因而言，从理论上来说，财富效应和价格效应是影响一国内外均衡的主要途径，在财富效应大于价格效应、汇率升值导致经常项目逆差扩大的情况下，容易爆发金融危机。从实证分析结果来看，经常项目逆差持续扩大和国内经济增长率下滑是导致经常项目逆差不可持续，进而引发金融危机的主要原因。

就经常项目顺差是否都是“好的失衡”这一命题而言，虽然经常项目顺差有利于一国增加外汇储备、增强抗风险能力，但是并不是所有的顺差都是“好的失衡”，经常项目长期顺差会给汇率带来升值压力，弱化国内货币政策的实施效果，增大贸易摩擦的可能性，增加外汇储备的管理成本，甚至在长期内引发国内经济结构失衡等问题，进而累积金融危机的风险。一国经济只有在满足具有稳健合理的产业经济结构、良好的储蓄—投资转化机制、健全的汇率制度和充足的外汇储备、稳定的政治环境和经济发展规划等内部条件以及稳定的国际市场环境、合理的外债结构、合理的外商直接投资比重和流向等外部条件的情况下，其经常项目失衡才是可持续的。

关键词：经常项目失衡　内外经济失衡　国际资本流动　金融危机

Abstract

A revealing pattern can be discovered through a glimpse into the history of financial crises, persistent current account deficits often precede financial crises, suggesting a strong causal link between current account deficits and financial crises. The US subprime mortgage crisis is the first major developed country financial crisis triggered by current account imbalances. This provides us with a new angle of analyzing current account deficits and financial crises, and gives rise to a number of intriguing questions: ① Are there any differences between the path by which current account imbalances trigger financial crises in developing countries and the path by which current account imbalances trigger financial crises in developed countries? ② Since some countries with persistent current account deficits experienced financial crisis while others didn't, what factors triggered the transformation of current account deficits into financial crises? ③ Are all current account surpluses good imbalances? What are the connections between the sustainability of current account surpluses and financial crises?

To answer the questions above, this book provides a comprehensive review in related literature and analyzes the nature of the current account imbalances in developing countries such as Mexico, Thailand, Indonesia, Malaysia and Philippines, as well as developed countries such as the United States, Spain, Portugal, Greece and Ireland. An analytical framework was constructed based on the intertemporal approach, incorporating both developing and developed countries, and both current account deficits and current surpluses. Under this framework, this book builds a dynamic stochastic general equilibrium model which incorporates the commodities market, the capital market and the labour market to analyze the paths by which current account deficits trigger financial crises. Based on the realities of the sample countries, this book discusses the factors which gave rise to the current account imbalances in developing and developed countries respectively, and compares the path by which current account deficits trigger financial crises in developing economies with that of the developed economies. A variety of statistic methods including the logit model, recursive unit root test and cointegration test were also used to investigate the sustainability of current account imbalances and the probabilities of current account deficits triggering financial crises. Based on the intertemporal analysis, and by fully considering the nature, risks and sustainability of the current account imbalances, this book reached the following conclusions:

As to the differences between the path by which current account imbalances trigger financial crises in developing countries and the path by which current account imbalances trigger financial crises in developed countries, firstly, the fundamental cause of current account imbalances and financial crises for both developing and developed countries lies in the imbalance of the domestic economy. Nonetheless, developing countries are more susceptible to sudden stops of international capital flows caused by financial turbulences originated in developed countries. In addition, their fixed exchange regimes also make their currencies vulnerable to speculative attacks. Secondly, when current account deficits become unsustainable, developed countries are generally capable of retrieving their investments abroad to improve their balance of payment situation. In addition, investors sometimes even increase their holdings of treasury bonds of the developed country during the crisis out of flight-to-quality motive. On the contrary, developing countries have relatively weaker economic fundamentals and are more vulnerable to capital flow reversals. Thirdly, most developed countries do not find it difficult to attract sufficient funds to finance their current account deficits, whereas developing countries suffer from the lack of means to finance their current account deficits. This disparity in the ability to raise finance is reflected in the fact that the duration of current account deficits in developing countries are generally much shorter than of the developed countries. In addition, the debts which developed countries borrow to offset their current account deficits are often denominated in their own currencies, whereas debts of developing countries are often denominated in international currencies such as the dollar. When capital flow reversal and drastic currency depreciation take place, this would cause the developing countries' debt burden to expand exponentially.

With regard to the reason of current account deficits triggering financial crises. From a theoretical perspective, wealth effect and price effect are the main channels through which a country's internal and external balances are affected. When the wealth effect overwhelms the price effect and currency appreciation leads to a widened current account deficit, the probability of a financial crisis is significantly higher. The result of the empirical analysis shows that the continuing deterioration of the current account deficit and depressed GDP growth are the main causes of financial crises.

As to the question of whether all current account surpluses are good imbalances, although current account surpluses can lead to increase in foreign exchange reserve and improve a country's ability to deal with financial risks, not all surpluses qualify as good imbalances. Persistent current account surpluses can lead to upward pressure on domestic currency, impairment of the effectiveness of monetary policy, and increase trade frictions, additional costs of managing foreign exchange reserves, unsound economic structure and eventually the accumulation of financial risks. In order to sustain a persistent current account deficit, a country not only has to satisfy internal requirements including a reasonable industrial structure, an effective saving–investment transmission mechanism, a stable political environment, a sound exchange rate regime as well as adequate foreign exchange reserve, but it also has to meet external requirements such as a balanced external debt structure, stable international financial market conditions, and reasonable Foreign Direct Investment Inflows.

Key Words: Current Account Imbalance; External and Internal Economic Imbalances; International Capital Flows; Financial Crisis

目 录

Contents

第一章　导论

第一节　选题背景和意义

一、选题背景

20 世纪 70 年代以来，全球金融危机频频爆发。据国际货币基金组织统计，1970~2011 年总共发生了 147 场银行危机、218 场货币危机和 66 场主权债务危机①。金融危机的影响范围也呈不断扩大的趋势，已经从局限于单个国家（如 1994 年的墨西哥金融危机）向某个区域蔓延（如 1997 年的亚洲金融危机），进而演变为在全球不同国家之间相互传染，成为全球性金融危机，又或者演化为不同类型的金融危机（如 2007 年发端于美国的次贷危机引发了国际金融危机及欧洲主权债务危机）。作为现代经济的核心，金融系统的危机往往会波及整个经济体系，形成经济危机，导致严重的经济损失。一次次的金融危机使人们深刻地认识到金融稳定的重要性，每一次危机也都引发了社会各界对金融危机更加深入的思考。然而，相关研究大都聚焦于资本项目和国际资本流动，研究经常项目失衡引致金融危机的文献相对较少。

综观世界众多金融危机案例，发生金融危机之前往往会出现经常项目逆差，这表明长期经常项目逆差与金融危机之间存在重要的因果关系。在

① Laeven，Luc and Fabian Valencia，“Systemic Banking Crises Database”，*IMF Economic Review*，Vol. 61，No.2，2013，pp.225–270.

美国次贷危机发生前，长期经常项目逆差引发的金融危机只是发生在发展中国家，而美国次贷危机、欧洲主权债务危机则是由长期经常项目逆差等原因引发的金融危机首次发生在发达国家。经常项目失衡引致金融危机的新变化为我们研究经常项目失衡和金融危机提供了新的视角，也提出了不少需要我们认真研究的新问题：①发展中国家经常项目逆差引发金融危机与发达国家经常项目逆差引发金融危机在经常项目逆差对经济的影响路径上、经济的变化状况上究竟有什么区别？②同样是经常项目逆差，有的国家发生了金融危机，有的国家没有发生，那么经常项目逆差在遇到什么因素冲击时才会引发金融危机？③经常项目顺差是否都是“好的失衡”？经常项目顺差的可持续性与金融危机的关系如何？

二、选题意义

频繁爆发的金融危机给世界经济增长带来了严重的影响，如何维护金融系统平稳运行成为公众广泛关注的问题。自 20 世纪 70 年代末拉美国家的金融危机以来，先后出现了四代金融危机模型。似乎每一轮金融危机之后都会出现一个或多个新模型对危机做出解释，但这些模型都只能做出事后解释，却无法预测危机（Krugman，2001）。笔者基于对有关金融危机文献的阅读，认为现有研究大都过多地关注资本项目和国际资本流动，而忽略了金融危机的本质——实体经济结构，而经常项目收支的变化则可以很好地反映出实体经济结构的特征。基于上述考虑，本书将从分析发展中国家和发达国家经常项目失衡入手，一方面，考察发展中国家经常项目逆差和发达国家经常项目逆差对经济及其结构不同的影响路径，探讨经常项目逆差引发两类国家金融危机的过程有何不同；另一方面，探讨长期经常项目顺差是否会引发金融危机以及经常项目顺差的可持续性的相关问题。

从理论上来说，本书的意义主要包括两个方面：①将发达国家和发展中国家纳入同一个框架进行对比研究，分析经常项目逆差引发两类国家金融危机的过程和机制，为分析经常项目逆差引致金融危机提供新的思路。②将经常项目顺差纳入考虑范围，分析经常项目顺差的可持续性及其与金融危机的关系，进一步完善了经常项目失衡引致金融危机的分析体系，对充实经常项目失衡引致金融危机的相关理论具有重要的理论意义。

从现实上来说，本书的意义在于寻找不同类型国家经常项目逆差演化为金融危机的路径，探讨经常项目顺差的潜在危机，为有关部门制定预防和治理经常项目失衡引致金融危机的措施提供理论依据和政策参考。

第二节　相关概念界定

一、经常项目失衡

均衡是指经济中存在的一种内生的稳定状态，这种稳定状态可以使外部环境在不受干扰的状态下发挥作用，即便暂时偏离这种稳定状态，经济体系也会自行恢复到均衡状态。总体而言，均衡是一国经济所能达到的理想状态。与之相反，失衡则是对均衡的偏离，即经济的稳定状态被打破。在现实经济中，失衡是一国经济运行的常态。

作为国际收支的重要组成部分，经常项目是衡量国际收支均衡与否的重要指标。如果将全球经济看作一个整体，在不考虑统计遗漏和汇率波动的情况下，各国经常项目余额加总之和必然为零，经常项目是平衡的。然而，从单个国家来看，大部分国家的经常项目都呈现顺差状态或逆差状态。如果这种顺差或逆差状态持续存在，而且顺差或逆差的余额占本国GDP的比重持续保持在一个较高水平，那么就认为该国经常项目失衡。本书所指的经常项目失衡既包括经常项目逆差，又包括经常项目顺差。

二、金融危机

根据《新帕尔格雷夫经济学大辞典》的定义，金融危机是“全部或大部分金融指标——短期利率、资产（证券、房地产、土地）价格、商业破产数和金融机构倒闭数——急剧、短暂和超周期的恶化。金融危机的特征是基于预期资产价格下降而大量抛出不动产或长期金融资产，换成货币。而金融繁荣或景气的特征则是基于预期资产价格上涨而大量抛出货币，购置不动产或长期金融资产。在金融景气和金融危机之间有一个困难时期，在这一时期，对资产价格上涨的预期已见衰退，但尚未逆转。困难时期可能造成危机，也可能不会。这主要取决于包括前期放款展期的不稳性、人们预期心理的迅速逆转、某些金融事故所造成的信心问题，以及金融界对于发生困难时最终贷款者会出面解救的保证等多种因素”①。

一般来说，金融危机可以分为货币危机、银行危机、主权债务危机。其中，货币危机是由经济失衡导致的本币实际汇率大幅偏离均衡汇率，导致本币过度高估或低估后，汇率向均衡汇率迅速回归，或引起外汇储备及利率急剧升降的货币现象。银行危机是指银行过度涉足高风险行业，从而导致资产负债严重失衡，呆账比例过高使资本运营呆滞而破产倒闭的危机。主权债务危机是指主权国家在债务到期日（或给定的宽限期内）未能按期支付本金或利息，造成主权国家债务违约的现象，严重时会出现消极债务重组、债权人银行存款冻结等情况。主权债务危机包括外债危机和国内债务危机。从理论上和实践上来看，货币危机、银行危机、主权债务危机是互相影响、互相转化的，它们都是金融危机的表现形式，因此，本书研究的金融危机包括货币危机、银行危机和主权债务危机。

三、经常项目失衡的可持续性

“可持续性”是一种可以长久维持的过程或状态。Milesi-Ferretti 和 Razin（1996）将可持续的经常项目逆差定义为在合理的未来增长和偿债成本的假设下，使得净外债水平占国民生产总值百分比稳定在一个均衡水平的经常项目余额水平。这一分析方法相比主观地设定一个固定的经常项目逆差水平（如国内生产总值的 5%）显得更为合理，但是也存在很多局限性。譬如说，对一些重要变量做出可靠的估算是非常困难的。欧洲央行就曾在一份报告中指出对可持续的经常项目余额水平的计算在很大程度上受数据选择和时间范围选择的影响，主观性很强。Mann（2002）从失衡本身的发展趋势出发，对可持续性做出了以下定义：“可持续”是指经济外部失衡所产生的压力不会对经济内部的发展轨迹产生影响，失衡自身能够持续地维持即为可持续的失衡。借鉴这一概念，本书将经常项目失衡的可持续性定义为经常项目失衡的存在不会导致经济偏离正常的发展轨迹的状态，即在

① 伊特韦尔等：《新帕尔格雷夫经济学大辞典》，许明月等译，经济科学出版社 1996 年版，第 362-363 页。

经常项目失衡的情况下，可以得到资本项目或金融项目的有效弥补而使整个国际收支保持平衡的状态，整个经济系统得以正常运转，不发生金融危机。

第三节 文献综述

一、有关经常项目失衡的传统研究

1. 有关经常项目失衡的传统理论研究

从理论上来说，有关经常项目失衡的研究可以追溯到16世纪，当时的重商主义者认为一国应尽量取得贸易顺差，进而积累以贵金属表示的货币财富，而18世纪兴起的重农主义者则认为各国应保持平衡的贸易余额，古典主义经济学者基于古典货币数量论进行分析，也认为一国不可能长期获得贸易顺差。此后，许多学者从对外贸易商品进出口的视角分析了经常项目变动，提出了弹性分析法、乘数分析法、吸收分析法和结构分析法等传统的经常项目均衡理论。Laursen 和 Metzler（1950）基于贸易条件、汇率等角度，系统地提出了经常项目收支的弹性分析法，该方法着重分析汇率政策对贸易商品价格的影响以及汇率变动对经常项目收支的调节作用。Harburger（1950）和 Meade（1951）则分别从收入和国内总支出的角度分析经常项目收支的变动，提出了乘数分析法和吸收分析法，这两种分析方法以宏观经济理论为基础，分析了经常项目与宏观经济变量的相互关系。Thirlwall（1979）从经济结构的角度分析了经常项目失衡，提出了结构分析法，认为经常项目失衡是由国内结构失衡导致供给不足造成的。Krugman 和 Obstfeld（1999）将这些因素总结为财政政策、货币政策、汇率变动和贸易条件。

2. 有关经常项目失衡的传统实证分析

在实证分析方面，有关经常项目失衡的传统检验一般采用单方程模型、多方程模型或向量自回归模型进行分析，但不同的研究在样本及变量的选择方面存在一定的差异。在使用单方程模型方面，Miles（1979）基于1956~1972年14个国家的数据，运用最小二乘法分析了贸易余额相对于GDP等因素的关系，发现各种因素在不同国家的作用也不一致，在14个样本国家中，有 8 个国家的汇率与贸易余额负相关，4 个国家的货币系数与贸易余额负相关，6 个国家的政府消费与贸易余额负相关。Khan 和 Knight（1983）以 32 个发展中国家为样本，基于这些国家 1973~1980 年的数据，分析在决定经常项目余额的各种内外部因素中，哪些因素相对重要，结果表明贸易条件、经济增长、国际实际利率、国内信贷水平、财政政策和实际有效汇率是最重要的影响因素。Bahmani-Oskooee（1984）以希腊、印度、韩国和泰国四个国家为样本，对这些国家 1973~1980 年的数据进行分析，发现希腊、印度和韩国汇率系数是正的，滞后分布的汇率系数是负的；韩国的国内收入系数是正的；希腊和印度的世界收入变量系数是负的；希腊和韩国的国内货币变量系数是负的。Giraldo 和 Mann（1989）以 1973~1984 年的 17 个拉美国家为样本，将经常项目逆差看作债务累积的代理变量，使用时间序列和截面数据的线性回归模型进行分析，指出经常项目逆差和债务累积是贸易条件、GDP 增长率、实际外部利率、实际有效汇率和财政赤字等一系列内外因素共同作用的结果。Winner（1993）分析了 1970~1989 年澳大利亚经常项目和预算赤字的关系，认为只有实际利率和通货膨胀影响澳大利亚的经常项目。在使用多方程模型方面，Genberg 和 Swoboda（1989）认为局部均衡方法难以分析经常项目调整，为此，他们运用一个能够解释几个变量同时运动的宏观经济模型分析了美国、日本和德国之间的经常项目失衡，认为经常项目失衡主要是由财政政策的国际不平衡造成的。Zietz 和 Pemberton（1990）基于 20 世纪 80 年代的数据，运用结构多方程模型分析了美国预算赤字和外国收入增长迟缓对美国经常项目逆差的影响，认为预算赤字对经常项目逆差的影响渠道是国内收入的增长，而不是利率和汇率。Fry（1991）使用一个包含经济增长、储蓄、投资、实际进出口的联立方程模型检验了韩国的经常项目失衡，发现净国外债务的滞后值对经常项目没有作用。Atesoglu 和 Dutkowsky（1997）利用动态国际贸易模型，构建联立方程组研究了实现经常项目长期平衡的能力以及对经济增长的效应，并对美国的情况进行了模拟。在使用向量自回归模型方面，Darrat（1988）基于美国 1960 年第一季度到 1984 年第四季度的季度数据，检验预算赤字的持续上升是不是贸易赤字的首要原因。Abell（1990）也做了类似的研究，他们基于美国 1979 年第二季度到 1985 年第二季度的数据，利用向量自回归模型对美国联邦预算赤字和货物贸易余额之间的关系进行了检验，发现预算赤字对贸易余额的直接影响很小。

Kearney 和 Monadjemi（1990）基于八个 OECD 国家 1972 年第一季度到 1984 年第二季度的数据，使用 VAR 模型进行分析，结果表明财政赤字和经常项目赤字之间存在反向因果关系。Nassar（2000）使用 VAR 模型分析了沙特阿拉伯的经常项目，提出在短期内可以通过控制政府预算、货币存量和贸易条件来应对经常项目逆差，长期内则需要进行劳动力市场改革。

从前文的梳理可以看出，传统的经常项目均衡理论主要采用局部均衡分析的方法进行研究，而且这些研究大都基于经常项目失衡本身，并未涉及经常项目失衡是否会引致金融危机这个问题。

二、金融危机的相关理论

在金融危机频发的背景下，有关金融危机的研究非常多，是学者研究的主要领域，特别是每次金融危机之后，都有许多著名学者从不同角度探讨金融危机爆发的机理，先后形成了四代金融危机理论。

1. 第一代金融危机理论

第一代金融危机理论产生于 20 世纪 70 年代末至 80 年代中期。以 Krugman（1979）为代表的研究针对拉美国家钉住美元的汇率制度与国内财政赤字、通货膨胀高企的不协调引发金融危机的现象，提出了第一代金融危机理论。Flood、Garber 和 Kramer（1996）基于 Krugman（1979）等的研究，修正了第一代金融危机理论中有关中央银行政策目标和干预手段的假定，将央行冲销政策纳入了研究框架。Flood 和 Marion（1998）将风险溢价加入第一代金融危机理论，认为即使政府没有实施不利于经济增长的政策，一国也有可能因其他风险因素发生变动而引起危机。第一代金融危机理论认为经济基本面是影响本币汇率的主要因素，而本币汇率及相应的外汇储备变动对金融危机是否会爆发、何时爆发具有决定性的作用。因此，第一代金融危机理论主张通过监测宏观经济的运行状况来预测金融危机，认为恰当的财政政策和货币政策以及稳健的经济基本面是保证经济金融稳定运行的基础，一国可以通过及时调整经济运行来避免或者缓解金融危机。

2. 第二代金融危机理论

第二代金融危机理论产生于 20 世纪 80 年代至 90 年代中期。以 Obstfeld（1986）为代表的研究修正了第一代金融危机理论中对经济体行为线性化的假设，认为经济体的行为是非线性的。第二代金融危机理论将政府看作经济行为主体，通过是否维持固定汇率制来追求目标最大化。为此，放弃固定汇率制不一定是外汇储备用尽之后的结果。第二代金融危机理论认为央行和市场投资者的行为是一个动态博弈的过程，双方的行为都会对对方形成影响，连续博弈可能使经济出现“多重均衡”。第二代金融危机理论的特点是提出了危机的自我实现。Morris 和 Shin（1998）基于 Obstfield 的研究指出，投机是央行和市场投资者博弈的最终结果。为此，第二代金融危机理论认为稳健的国内经济政策并不足以抵御金融危机，政府需要进行一定的资本管制，并在一定程度上限制资本市场交易。

3. 第三代金融危机理论

第三代金融危机理论产生于 20 世纪 90 年代，以 Mishkin（1995）、McKinnon 和 Huw Pill（1997）、Krugman（1998）为代表，在第一代金融危机理论和第二代金融危机理论的基础上，提出了第三代金融危机理论。第三代金融危机理论强调金融机制的作用，尤其是银行和金融危机间的相互影响，研究重点包括资本流动以及资产负债表等。第三代金融危机理论认为发达国家扩张性货币政策导致超额流动性的出现，加之发展中国家放松金融管制吸引资本流入，但由于发展中国家的金融监管不善，大量外资流入会导致过度投资和资产价格泡沫，泡沫一旦破灭，金融危机就会爆发。Stoker（1994）提出，如果银行体系的负债大多是以外国货币计价的，银行体系的作用就会受到削弱，进而引发金融危机。McKinnon 和 Huw Pill（1999）认为，金融自由化可能会伴随着微观经济的扭曲，其结果有可能导致信贷过分扩张，进而引发本币贬值，最终导致金融危机。Goldfajn 和 Valdés（1997）分析了国际利率和资本流入的变动如何改变经济运行，进而导致金融危机。

4. 第四代金融危机理论

Krugman（1999）等基于亚洲金融危机，在第三代金融危机理论的基础上提出了第四代金融危机理论。该理论认为一些与本国关联性不高的经济体发生的危机也会导致本国发生金融危机，其原因是金融危机导致公众信心下降，进而诱发金融危机。第四代金融危机理论认为前三代金融危机理论忽视了贸易和实际汇率变动的影响。为此，第四代金融危机理论主要关注本币贬值、经济衰退所带来的经常账户逆转以及相应的资本流动逆转等问题，提出金融危机的关键不是银行，而是企业。因此，第四代金融危机理论认为，对于金融体系不完善的国家来说，国际资本流动会放大实际汇率变动的负面冲击影响，所以企业不应该持有外币债务。在应对金融危机方面，第四代金融危机理论认为紧急贷款条款和实施紧急资本管制是保证经济主体信心、避免资本外逃的重要手段。

三、经常项目失衡与金融危机的跨时期研究

1. 经常项目失衡跨时期分析的基本理论

1976年，理性预期学派的代表人物Lucas提出了著名的“卢卡斯评判”，他认为政府制定经济政策时，需将经济主体置于前瞻性的决策框架中进行政策分析，没有考虑公众理性预期的经济政策难以取得理想效果。“卢卡斯评判”的出现，促进了跨时期均衡分析方法的理论研究。20世纪80年代，部分学者将跨时期分析方法应用到经常项目失衡的研究之中，引发了对经常项目失衡研究的革命性变化，也将经常项目失衡与金融危机联系起来。Sachs（1982）首先提出了经常项目的跨时期分析方法，为分析经常项目失衡引致金融危机的问题奠定了基础。他在新古典理论的基础上建立了一个在跨时期预算约束条件下目标函数最大化的两期模型进行分析，提出一国的经常项目是否均衡不但取决于该国当前的经济环境，还取决于该国未来的经济发展趋势。从长期来看，经常项目在一个时期内出现逆差，在另一时期内出现顺差，可以实现经济发展的动态均衡，这比经常项目即时均衡更有助于实现资源的最优配置。Sheffrin和Woo（1990）使用经常项目现值法检验了跨时期分析模型对比利时、加拿大、丹麦和英国四个国家的经常项目的有效性，结果表明跨时期分析模型在比利时和丹麦表现良好，但在加拿大和英国却无法得到验证。

Razin（1995）、Obstfeld和Rogoff（1995）运用跨时期分析法来研究经常项目，将动态优化模型拓展到了开放经济中。其中，Obstfeld和Rogoff运用跨时期分析探讨经常项目失衡的可持续性，在跨时期分析与开放宏观经济学之间建立了一座桥梁，这也成为后续有关经常项目理论研究的基本分析框架。他们认为经常项目的核心功能在于它可以作为缓冲工具，并将其看作反映一国储蓄投资跨期取向的函数（一国可以以经常项目顺差的形式将资本借给其他国家，也可以通过逆差的形式从其他国家融资进行消费和投资），分析了影响一国经常项目动态变化的因素及经常项目逆差的可持续性。基于Obstfeld和Rogoff的模型框架，Taylor（2002）、Kraay和

Ventura（2002）等的研究从利率可变、时间偏好率不一致以及贸易条件变化等方面放宽了条件限制，进一步拓展了经常项目失衡的跨时期分析框架。孙立坚（2005）将商品市场、资本市场和劳动力市场结合起来，构建了一个反映发展中国家内外均衡调整的动态方程，分析了经常项目逆差引致金融危机的路径。曲昭光（2006）提出，当一国储蓄不能满足本国投资要求时，通过经常项目逆差引入外资有助于推动经济增长。攸频和万志宏（2009）基于经常项目跨时期均衡的视角，以 1982~2007 年 20 个经济体的经常项目为样本进行分析，发现这些具有代表性的经济体的经常项目在 2007 年发生了突变，表明全球经济失衡呈现出不可持续的状态，进而引发了金融危机。

随着经常项目跨时期分析方法的兴起，部分学者将世代交叠模型引入经常项目跨时期分析框架，研究人口变化趋势和税收的代际影响对经常项目失衡可持续性的影响。实际上，这些新的研究进展是对经常项目跨时期分析法的拓展。Obstfeld 和 Rogoff（1994）认为日本的劳动力相对年轻，他们的储蓄行为使得日本出现高储蓄率和高经常项目顺差的状况。但随着大批劳动力在 21 世纪初同时退休，日本的经常项目顺差将会急剧下降。Obstfeld 和 Rogoff（1996）利用世代交叠模型分析经常项目失衡，结果表明政府预算赤字政策的本质是将下一代人的收入转移到当代人，这会导致经常项目的恶化。但 Halikias（1996）却认为，仅仅将静态的人口结构、资本完全流动和稳定的偏好纳入跨时期分析模型，无法解释持续的经常项目不平衡。Henriksen（2002）、Feroli（2003）、Domeij 和 Floden（2004）认为人口结构有可能成为外部经济均衡的一个重要变量，并建立和扩展了世代交叠模型解释经常项目失衡及相应的国际资本流动。王信（2004）利用结构性因素和周期性因素分析了我国经常项目的顺差格局，认为由人口年龄结构变化引起的国内储蓄和投资的变化是导致我国经常项目顺差的结构性因素之一。

经常项目的跨时期分析方法认为，开放经济体可以在经济下滑时借助国外贷款避免消费和投资的急剧萎缩，在储蓄充足时参与国外的生产性投资项目或对外放款。这一分析方法改变了追求当期静态外部均衡的目标，证明经常项目逆差可以是储蓄投资决策跨时期最优化的结果。因此，经常项目失衡是否会引致金融危机，取决于这种失衡是“好的失衡”还是“坏的失衡”。如果这种失衡是“好的失衡”，即未来的顺差能够弥补当前的逆差，则这种失衡“反映了时间和空间上的最优资本控制”①，此时的经常项目失衡是可持续的，不会引发金融危机；如果这种失衡是“坏的失衡”，即未来的顺差无法弥补当前的逆差，则表明逆差国存在内部扭曲、系统扭曲、内部风险或系统风险，此时的经常项目失衡是不可持续的，有可能引发金融危机。

2. 经常项目失衡与金融危机跨时期分析的实证研究

部分学者通过实证研究分析了经常项目与金融危机的关系。Catao 和 Milesi-Ferretti（2011）认为，经常项目逆差（外债水平）越高，发生债务危机的可能性就越大。Obstfeld（2012）认为经常项目是一个非常重要的宏观经济指标，其失衡往往代表着潜在的扭曲，而且经常项目余额与净国际投资头寸之间具有一定的相关性，因此经常项目也可以作为评测金融危机可能性的因素。然而，ECB（2007）则认为研究经常项目可持续性是相当困难的，因为相关研究受数据选择和时间范围的影响，具有很强的主观性。Gourinchas 和 Rogoff（2012）的研究也认为，不论是发达国家还是发展中国家，经常项目余额都不能作为预测金融危机的指标。李文（1998）基于墨西哥、泰国和东南亚其他国家的案例，分析了持续的经常项目赤字与金融危机之间的关系，认为在开放经济中，金融危机一定发生在持续的贸易和经常项目赤字国。胡援成（2005）运用 1982~2002 年中国的数据分析了经常项目逆差是否会导致金融危机，研究结果表明经常项目逆差与汇率贬值正相关，而汇率贬值与经济增长负相关。方红艳和傅连康（2006）基于危机前经常项目相关指标的表现，分析了金融危机预警机制。王少萱（2009）以经常项目为主线分析了国际金融危机产生的原因，认为经常项目赤字引起的国际收支不平衡造成了流动性过剩，进而引发金融危机。

部分研究则对经常项目跨时期分析方法本身进行了探索。Feldstein 和 Horioka（1980）基于 1960~1974 年 16 个 OECD 国家的数据，使用储蓄投资相关法检验了经常项目跨时期分析方法，但发现储蓄率的变动最终会充分地影响国内投资率，无法支持经常项目跨时期分析方法的基本假定——资本流动。Sachs（1981）分析了 1971~1979 年 14 个发达国家投资和经常项目的关系，认为经常项目和国内投资强烈相关。Ahmed（1986）把经常项目表示为产出暂时性成分和持久性成分的函数，检验了 1908~1980 年英国政府支出的暂时性变动和持久性变动对经常项目平衡的影响。Sheffrin

① Blanchard, *The Crisis: Basic Mechanisms, and Appropriate Policies*, IMF Working Paper, 2009.

和 Woo（1990）认为目前的经常项目与人们对未来现金流的变动预期有关，如果预测的经常项目与实际的经常项目相同，则可以接受经常项目跨时期分析方法。他们利用 1955~1985 年比利时、加拿大、丹麦和英国的数据进行分析，认为经常项目跨时期分析方法在比利时和丹麦有效，在加拿大和英国无效。Otto（1992）使用现值法检验了 1950 年第一季度到 1987 年第二季度美国的经常项目，认为经常项目跨时期分析方法无法解释美国的实际经济状况。Ghosh（1995）基于 1960~1988 年美国、日本、德国、英国和加拿大间的资本流动数据进行分析，认为经常项目跨时期分析方法有效地描述了资本流动的方向和转折点。Ostry（1997）使用经常项目现值法检验了亚洲国家的经常项目失衡，通过对 1960~1995 年印度尼西亚、马来西亚、菲律宾、新加坡和泰国的经常项目进行检验，认为经常项目跨时期分析方法在总体上很好地拟合了数据。Kano（2003）同样使用现值法检验了加拿大和英国的数据，认为经常项目跨时期分析方法是解释部分经常项目问题的有效方法。

另外，还有很多学者从不同角度分析了经常项目失衡问题。部分研究分析了金融发展对经常项目失衡的影响。Beck（2002）利用 1966~1995 年 65 个国家制造业的数据进行分析，发现金融体系比较发达的国家在国际贸易中会在具有规模经济的部门获得比较优势和较为平衡的经常项目水平。Hul、Rar 和 Riyanto（2006）使用 42 个国家的数据进行研究，发现金融发展和企业资产结构具有相互作用，这种作用会对该国不同产业在出口中的比较优势和经常项目平衡能力产生影响。Becker 和 Greenberg（2007）的研究也表明金融发展程度的差异会显著地影响贸易双边国家的经常项目平衡。还有部分研究分析了经济因素对经常项目失衡的影响。Gruber 和 Kamin（2007）利用 61 个国家 1982~2003 年的数据，分析了经济增长率、人均 GDP、财政赤字、经济开放度、对外资产净额、金融危机、政府制度等因素对经常项目差额占 GDP 比重的影响。张建清、李洁和张天顶（2006）利用 52 个国家 1980~2004 年的数据进行研究，分析了财政赤字、金融开放度、人均收入、消费率、资本形成率以及金融深化对经常项目的影响。还有部分学者探讨了合约实施对经常项目失衡的影响。Nunn（2007）认为由国家制度不完善产生的合约实施效率低下会导致投资不足，进而造成一国经常项目失衡。Levchenko（2007）利用 177 个国家 389 个行业的数据，验证了制度因素对经常项目失衡的影响效应。

3. 以全球经常项目失衡为视角的研究

Mann（2004）基于全球共同依赖的角度分析了全球经济失衡问题，为分析世界各国的经常项目失衡问题提供了一个全球视角。近年来，不同学者从不同视角分析了全球经济失衡问题。Cline（2005）认为美国的财政赤字导致美元利率上升、外资流入，从而恶化了美国的经常项目。Bernanke（2005）提出“全球储蓄过度供应说”，认为美国的高消费、低储蓄是新兴市场国家提供了太多的资金导致的，而不是美国的责任。Bernanke、Boivin和Eliasz（2005）利用因子扩展性向量自回归模型进行分析，认为增加储蓄有助于减少美国的经常项目逆差。IMF（2005）也认为投资储蓄不平衡与全球经常项目失衡密切相关。李扬（2005）认为，如果一国储蓄小于投资，该国就会以经常项目逆差来实现宏观经济均衡；如果储蓄大于投资，该国就会以经常项目顺差来实现宏观经济均衡。周小川（2006）和吴晓灵（2006）认为，跨国公司以利润最大化为目标在全球范围内配置资源是全球经常项目失衡的重要原因。卢锋（2006）认为，中国利用自己的比较优势，通过加工贸易来参与全球分工，因而造成经常项目的长期顺差。赵夫增（2006）认为，全球经常项目失衡的根本原因是世界经济的结构性变化。Ito和Chinn（2007）运用多元回归方程进行分析，认为金融市场规模与经常项目的变动正相关，金融开放程度与经常项目的变动负相关。因此，他们认为亚洲新兴市场国家实行资本项目管制有利于增加经常项目盈余或减少赤字。McKinnon和Schnabl（2009）从内部平衡的角度对中国的汇率和经常项目进行了分析，认为人民币被迫升值不利于扩大中国的内需，而中国经常项目顺差的被迫增加不利于全球经常项目失衡的调整。

还有一些学者主要分析了经常项目失衡的可持续性。Wickens和Uc-tum（1993）利用结构性断点进行分析，认为发达国家的外部债务是可维持的。Wu、Chen和Lee（2001）利用面板数据进行分析，也得出了类似的结论。Holman（2001）分析了1991~2000年美国经常项目赤字/GDP的比率不断扩大的情况，认为稳定的资本流入弥补了美国经常项目赤字引致的国际收支失衡，提出美国的经常项目赤字可能会扩大，但仍然是可持续的。Baharumshah、Lau和Fountas（2003）基于跨时期分析模型，利用单位根检验和协整检验对1961~1999年东南亚国家经常项目失衡的可维持性进行了分析，其研究结论认为持续的经常项目逆差可以作为判断金融危机的重要指标。McKinnon和Schnabl（2004）认为以美元为储备货币的国际货币制度导致了新兴市场国家必须要保持经常项目顺差，因此美国的经常项目逆差是可持续的。Hausmann 和 Sturzenegger（2005）认为美国对外投资收益率明显高于外国对美国的投资收益率，因此美国可以免费使用经常项目逆差形成的债务，其经常项目逆差是可持续的。McKinnon（2005）将经常项目失衡与国际货币体系联系起来分析，认为美元体系的不对称性使得美国可以无限制地向世界各国借款，因此其经常项目失衡是可持续的。但 Roubini（2004）则认为，美国为其经常项目逆差的融资大都投入到非贸易品部门，这无法增加美国的出口，也无助于提高其外债偿还能力。Obstfeld 和 Rogoff（2004）认为，调整美元汇率是避免美国经常项目逆差继续积累的主要方法之一。Cooper（2007）认为，美国的经常项目逆差是可持续的，这是全球经济一体化的结果。李扬（2005）认为，美国长期的经常项目逆差导致的美元供应大规模增加会对美元的币值稳定性提出挑战，即新“特里芬难题”。Caballero（2006）则认为，可持续的全球经常项目失衡需满足各地的潜在经济增长能力、金融市场的功能强弱存在差异两个条件。余永定和覃东海（2006）分析了我国国际收支双顺差的可持续性，认为我国的双顺差不具有收敛性，是不可持续的。余永定（2007）指出，各国对美国经济信心的下降会引起美国对外融资成本的提高，使得投资者所要求的风险贴水超过美国资本市场提供的资本回报率，最终导致美国的经常项目逆差无法通过国际资本的流入来维持。华民（2007）也认为，美国用资本项目顺差来弥补经常项目逆差，只是把经常项目失衡转向资本项目，这无法从本质上解决经常项目失衡问题。潘雅琼（2008）通过平稳性检验分析了我国经常项目顺差的可维持性，认为我国经常项目顺差在长期内是可维持的。陈继勇和吴宏（2008）通过考察中美贸易失衡来衡量全球经常项目失衡，认为如果中美贸易失衡是可持续的，则全球经常项目失衡也是可持续的，但他们认为中美贸易失衡呈现出不可持续的发展趋势，因此全球经常项目失衡也难以持续。余震（2010）认为，巨额经常项目顺差给东亚经济带来了贸易摩擦加剧等一系列经济成本，这将导致东亚的经常项目顺差以及全球经常项目失衡不可持续。

四、对现有研究的简要述评

有关经常项目均衡的传统研究认为，收入的增加或贸易条件的恶化会导致经常项目恶化，而真实汇率贬值则有助于改善经常项目，所以决定宏观经济均衡的关键因素反映的是收入变动对支出和货币需求的影响。研究经常项目失衡的跨时期方法则侧重于考虑跨时期的预算约束以及相应的投资、消费决策的前瞻行为，认为对未来经济增长的预期和实际利率对经常项目均衡有着重要影响，认为决定宏观经济均衡的关键因素反映的是跨时期参数、债务和收入状况等。

跨时期分析法强调经济增长、贸易条件、政府收支等实质要素对消费和投资的影响，通过消费和投资的跨时期替代对经常项目收支产生作用。跨时期分析法明确考虑了预算约束和经济主体的最优化行为，提供了一种适合实证的经常项目动态优化分析方法，为分析经常项目变动提供了一个动态视角。为此，本书将基于经常项目的跨时期分析法进行研究。从现有文献来看，有关经常项目失衡与金融危机的研究比较广泛，但这些文献大都集中于发展中国家的经常项目逆差，而研究经常项目顺差可持续性的文献可谓凤毛麟角。即便是在发达国家的经常项目逆差方面，相关研究也比较零散和浅显，缺乏系统性和理论性。

以 Krugman（1999）为代表的第四代金融危机理论将货币汇率和经常项目收支作为重点进行分析，还考虑了资本流动等因素的影响，与本书的研究出发点十分契合。为此，本书将以第四代金融危机理论为基础，结合经常项目的跨时期分析方法，将发达国家和发展中国家、经常项目逆差和经常项目顺差融合到一个逻辑分析框架中进行研究，系统地分析经常项目失衡引发金融危机的原因、路径和机制。

第四节 逻辑框架和研究方法

一、研究思路和框架

本书研究的逻辑思路是基于经常项目的跨时期分析，从发达国家与发展中国家、经常项目逆差与经常项目顺差这个“二乘二”的空间维度入手，研究经常项目失衡向金融危机演化的原因、路径和机制，探讨防范经常项目失衡向金融危机转化的措施。为研究这一核心命题，本书在回顾相关文献的基础上，结合墨西哥、泰国、印度尼西亚、马来西亚、菲律宾等发展中国家和美国、西班牙、葡萄牙、希腊、爱尔兰等发达国家金融危机前后的现实情况，着重探讨以下七个问题：一是在经常项目逆差引发金融危机的路径方面，发展中国家与发达国家有何不同；二是面对经常项目逆差，为什么有的国家发生了金融危机，有的国家没有发生；三是经常项目逆差在遇到什么因素冲击时才会引发金融危机；四是经常项目失衡是否可分为“好的失衡”和“坏的失衡”；五是经常项目顺差是否都是“好的失衡”；六是经常项目顺差的可持续性与金融危机有什么关系；七是如何治理经常项目失衡，避免发生金融危机。基于此，本书将沿循图 1–1 的逻辑关系展开研究。

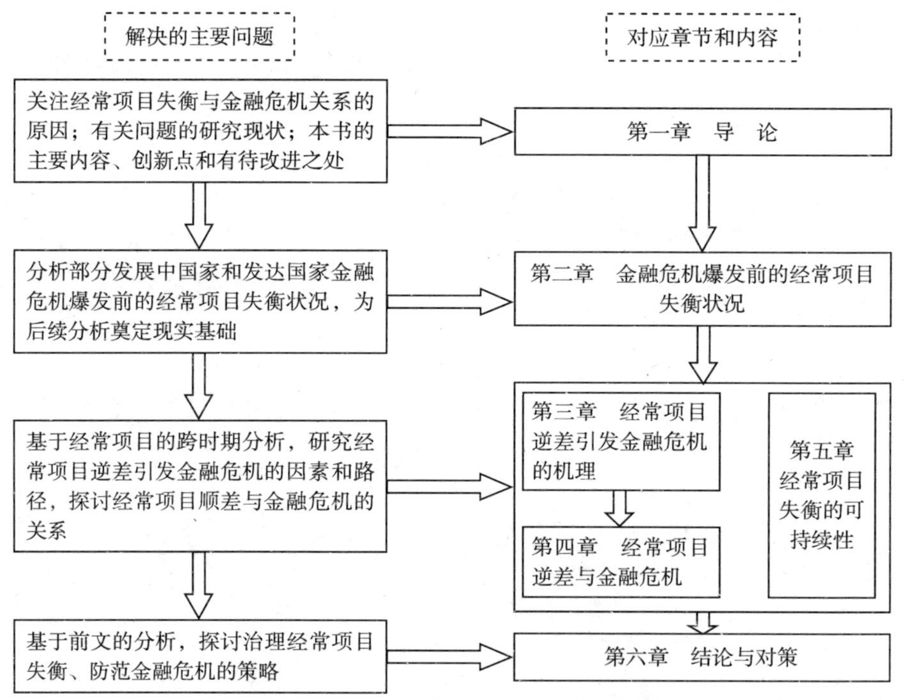

图 1–1　本书结构安排与各章逻辑关系

第一章，导论。在长期经常项目逆差引发的金融危机从发展中国家蔓延到发达国家的背景下，提出本书的选题意义；对书中涉及的经常项目失衡、金融危机、经常项目失衡的可持续性等主要概念进行界定；整理归纳国外学者有关经常项目失衡、金融危机以及经常项目失衡与金融危机关系的研究状况，并对既有研究进行简要评述，指出本书的研究起点；简要介绍全书的逻辑思路、结构安排和使用到的基本方法；指出本书的创新点和有待进一步研究的问题。

第二章，金融危机爆发前的经常项目失衡状况。分析 20 世纪 70 年代以来全球经常项目失衡的分布概况，然后以 20 世纪 70 年代以来三次影响最大的金融危机的发生地，即拉美、亚洲和发达国家的经常项目失衡情况，勾勒出经常项目失衡与金融危机的基本轮廓。以墨西哥和泰国、印度尼西亚、马来西亚、菲律宾等东南亚国家作为发展中国家的代表，分析这些国家金融危机爆发前的经常项目失衡状况；将美国次贷危机和欧元区主权债务危机看作同一次危机的不同阶段，以美国、希腊、西班牙、葡萄牙和意大利作为发达国家的代表，从进出口、储蓄和投资等角度分析这些国家金融危机爆发前的经常项目失衡状况，并对各国的经常项目失衡状况进行简要描述，为后续分析奠定现实基础。

第三章、第四章和第五章是全书核心部分。这三章将基于经常项目的跨时期分析，从发达国家与发展中国家、经常项目逆差与经常项目顺差等视角对经常项目失衡与金融危机的关系进行研究和阐述。

第三章，经常项目逆差引发金融危机的机理。首先，运用经常项目的跨时期分析方法，将商品市场与资本市场结合起来，建立反映一国内外均衡调整的动态方程，根据财富效应和价格效应的变化，分析经常项目失衡引发金融危机的机理；其次，对模型进行相应扩展，探讨经常项目失衡引发金融危机的路径在发达国家和发展中国家有何不同；最后，基于泰国的数据分析泰国贸易收支与泰铢实际汇率变动，比较金融危机发生前期泰国财富效应与价格效应的关系，探讨经常项目逆差如何引发金融危机，并基于泰国的现实经济状况，对理论模型的结论进行检验。

第四章，经常项目逆差与金融危机。将样本国家分为发展中国家和发达国家两个群体，根据这些国家的实际经验分析经常项目逆差是否会引致金融危机；分析经常项目差额对金融危机的影响；从全球范围内选择发达国家和发展中国家样本，利用面板数据探讨经常项目失衡影响因素的国别差异，系统地研究经常项目逆差的影响因素，探讨经常项目逆差引发金融危机的路径在发展中国家与发达国家之间有何不同。

第五章，经常项目失衡的可持续性。鉴于经常项目失衡不一定会引发金融危机的现实状况，在跨时期分析框架下，探讨经常项目失衡是否可分为“好的失衡”和“坏的失衡”，分析经常项目 “好的失衡”和“坏的失衡”的具体表现，探讨决定经常项目失衡好坏的具体因素；分析经常项目顺差是否都是“好的失衡”，探讨经常项目顺差的可持续性与金融危机之间的关系，提出经常项目持续顺差潜在的风险；基于经常项目平稳性的视角，分别运用美国的时间序列数据和样本中发达国家的面板数据分析经常项目失衡的可持续性及其引发金融危机的可能性，分析同样存在经常项目逆差，为什么有的国家发生了金融危机，有的国家没有发生，探讨发达国家经常项目逆差的持续时间为什么比发展中国家更长；总结分析经常项目失衡的可持续性，探讨避免经常项目失衡引发金融危机需要满足哪些内部条件和外部条件。

第六章，结论与对策。在总结全书研究结论的基础上，有针对性地提出有关建议，主要从改革国际货币金融体系、调整内外经济失衡、防范国际金融动荡的冲击、调节经常项目顺差等角度探讨治理经常项目失衡、避免金融危机的对策。

二、研究的基本方法

本书的选题既具有较强的理论性，又有很强的现实意义，需基于系统的逻辑维度、广阔的历史维度进行探索性思考和研究，构建的理论框架不仅需要符合演绎逻辑的要求，更需要能够解释和刻画理论背后的现实背景。为此，本书在逻辑与历史相统一、理论研究与经验分析相结合的基本导向下，综合运用有关经常项目失衡和金融危机的理论，重点采用规范研究与实证研究、定性研究与定量研究、理论研究与应用研究相结合的方法进行研究。具体来说，分析样本国家金融危机爆发前的失衡状况时，采用了规范研究和定性研究等方法；分析经常项目逆差与金融危机的关系时，综合运用了理论推导、规范研究、实证研究和定量研究等方法；分析经常项目失衡的可持续性时，采用了规范研究、定性研究、定量研究和理论研究等方法；探讨如何治理经常项目失衡、防范金融危机时则侧重于实践和理论的应用。

第五节 创新之处和有待进一步研究的问题

一、本书的创新之处

首先，本书构建了一个既包含发达国家又囊括发展中国家，既考虑经常项目逆差又涉及经常项目顺差的研究框架，进一步完善了经常项目失衡引致金融危机的分析体系，为分析经常项目失衡引致金融危机提供了新的思路。

其次，本书基于经常项目的跨时期分析方法，将商品市场、资本市场和劳动力市场结合起来，建立了反映一国内外均衡调整的动态模型，量化分析了财富效应和价格效应的相对变化，具体分析了经常项目逆差引发金融危机的路径；该模型的一大优势是基于同一模型框架，适当修改假设条件，便可用于比较分析经常项目逆差引致发达国家金融危机的因素、路径和经常项目逆差引致发展中国家金融危机的因素、路径有何差异。

最后，本书基于经常项目失衡的可持续性探讨了经常项目顺差问题，深入分析了长期经常项目顺差的潜在风险。

二、有待进一步研究的问题

首先，本书基于经常项目的跨时期分析方法构建了动态模型，主要分析了经常项目逆差引发金融危机的路径，但未能将经常项目顺差可能存在的风险纳入模型中进行分析，这也是笔者将进一步研究的问题。

其次，由于目前还没有经常项目顺差引致金融危机的案例，本书仅定性地分析了长期经常项目顺差的潜在风险，缺乏实证检验和经验解释。

第二章 金融危机爆发前的经常项目失衡状况

20 世纪 70 年代以来，金融危机频频爆发。综观众多金融危机案例可以发现，金融危机爆发前危机发生国往往会出现持续的经常项目逆差，而要分析经常项目失衡和金融危机之间的关系，就需要对经常项目失衡的总体状况和性质有所了解。为此，本章首先分析 20 世纪 70 年代以来全球经常项目逆差的分布概况，简要描述不同国家群体的经常项目失衡情况，然后以 20 世纪 70 年代以来三次影响最大的金融危机——1994 年的墨西哥金融危机、1997 年的亚洲金融危机以及 2008 年的国际金融危机[①] 为线索，从中选取墨西哥、泰国、马来西亚、菲律宾、印度尼西亚、美国、希腊、爱尔兰、葡萄牙、西班牙等代表性国家，对各国的经常项目失衡状况进行简要描述，勾勒出经常项目失衡与金融危机关系的基本轮廓。

第一节 经常项目逆差的分布概况

本节主要根据世界银行统计数据库公布的 1970~2011 年全球各国及各区域的经常项目余额数据，分析经常项目失衡的历史状况及其在全球的分布情况。为了避免国家经济规模对分析造成影响，本节分别采用经常项目差额的绝对值和经常项目差额占 GDP 的比重对相关问题进行分析。

---

① 由于欧元区主权债务危机的发生与美国次贷危机密切相关，本书将美国次贷危机和欧元区主权债务危机看作一次危机的两个阶段。

一、全球经常项目失衡概况

从绝对规模来看，20 世纪 70 年代以来，全球经历了两轮比较严重的经常项目失衡。第一轮全球经常项目失衡出现于 20 世纪 80 年代，第二轮全球经常项目失衡则出现于 20 世纪 90 年代，并延续至今。在这两轮比较严重的经常项目失衡中，主要的经常项目逆差国都是美国，主要的经常项目顺差国则是亚太地区国家以及中东和北非国家①（见图 2–1）。

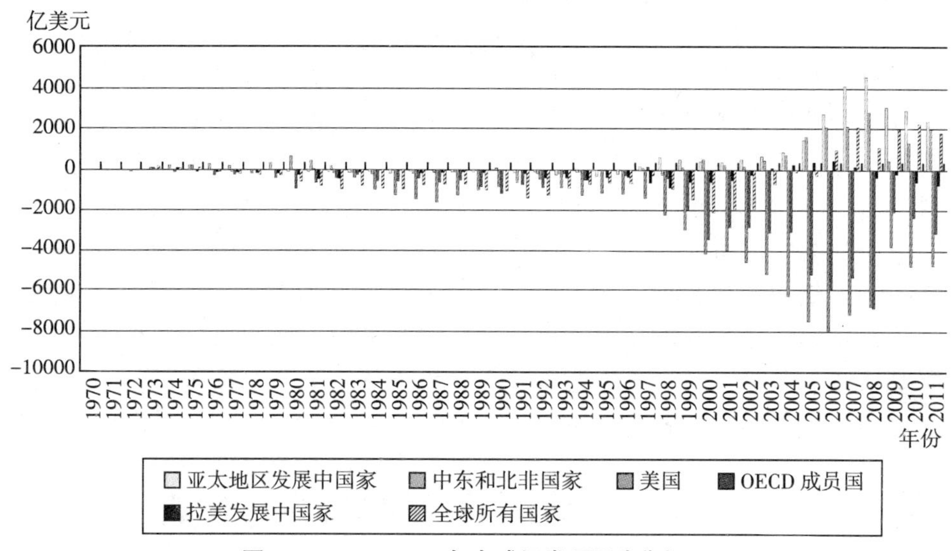

图 2–1 1970~2011 年全球经常项目失衡概况

数据来源：世界银行统计数据库。

20 世纪 80 年代，第一轮全球经常项目失衡开始显现，这种失衡状况于 20 世纪 80 年代中期达到顶峰。随着日本、德国等发达国家经济的复兴，以及一批新兴工业化国家的崛起，美国的贸易竞争力不断下降，贸易状况呈现不断恶化的趋势。进入 20 世纪 80 年代以后，美国的经常项目逆差呈现不断扩大的趋势。1986 年，美国经常项目逆差达 1471.74 亿美元，占 GDP 的比重达 3.33%，首次超过了国际货币基金组织关于经常项目逆

① 本书根据世界银行的认定来划分各国所处的区域。

差占 GDP 比重 3%的警戒线；1987 年，这一比重扩大为 3.42%。虽然 1985 年签署的《广场协议》使得美元汇价大幅跌落，促进了美国出口的增加，使得美国经常项目逆差占 GDP 的比重有所下降，但这并没有改变美国长期处于经常项目逆差的状况。同期的经常项目顺差则主要出现在以日本为代表的东亚国家。20 世纪 80 年代，日本经常项目开始出现顺差。1981 年，日本的经常项目顺差为 47.7 亿美元，占 GDP 的比重为 0.40%。此后，日本的经常项目顺差持续增加。1986 年，日本的经常项目顺差达 858.77 亿美元，占 GDP 的比重达 4.17%。虽然这一比重从 1987 年开始有所回落，但日本的经常项目持续保持顺差。

20 世纪 90 年代，第二轮全球经常项目失衡开始显现，并延续至今。在这一轮经常项目失衡中，美国依然是主要的经常项目逆差国，日本也还保持着经常项目顺差，但主要的经常项目顺差国已经转变为东亚发展中国家和中东国家。这一轮经常项目失衡的显著特点是失衡现象呈显著扩大趋势。1992 年以后，美国再未出现过顺差，而且经常项目逆差占 GDP 的比重逐步提高。尤其是进入 21 世纪之后，美国经常项目逆差占 GDP 的比重从未回落到 3%的警戒线之下。作为失衡的另一方，东亚发展中国家和中东国家的经常项目顺差规模逐渐增大。1990 年，东亚发展中国家还保持着一定的经常项目逆差，逆差规模为 31.61 亿美元，占 GDP 的 0.47%；中东和北非国家则出现了小规模的经常项目顺差，顺差规模为 89.13 亿美元，占 GDP 的 1.70%。而到 2000 年，东亚发展中国家的经常项目顺差规模达 450.54 亿美元，占 GDP 的 2.61%；中东和北非国家的经常项目顺差规模达 483.11 亿美元，占 GDP 的 5.15%。此后，这种失衡状况进一步加剧。2008 年，东亚发展中国家的经常项目顺差规模达 4541.15 亿美元，占 GDP 的 7.68%；中东和北非国家的经常项目顺差规模达 2857.57 亿美元，占 GDP 的 11.57%。2007 年次贷危机爆发之后，美国的经常项目逆差有所缓解，但还保持在 3%的警戒线之上；东亚发展中国家、中东和北非国家的经常项目顺差也有所减少，但整个顺差规模还仍然较大。

二、不同国家群体的经常项目失衡状况

20 世纪 70 年代以来，三次影响最大的金融危机分别发生在拉美、亚洲和美国等发达国家。为此，本节分别分析拉美发展中国家、亚洲地区发

展中国家和 OECD 成员国（代表发达国家）的经常项目失衡状况。

1. 拉美发展中国家的经常项目失衡状况

20 世纪 70 年代以来，拉美发展中国家的经常项目大都处于逆差状态，并在 20 世纪 80 年代初和 90 年代分别出现了两次比较严重的经常项目逆差，其结果就是引发了 80 年代的拉美债务危机和 1994 年的墨西哥金融危机。从经常项目逆差的绝对值来看，两轮经常项目逆差的峰值出现在 1981 年和 1998 年，分别是 432.77 亿美元和 889.6 亿美元，分别占同期 GDP 的 5.04%和 4.27%。从 2003 年开始，拉美发展中国家出现了小规模顺差，但顺差持续了五年之后，又转入逆差状态（见图 2-2）。

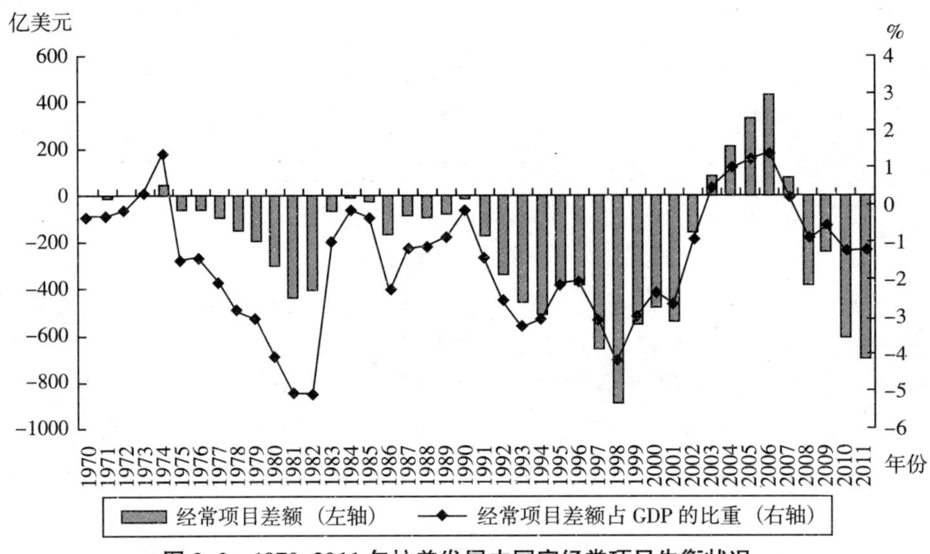

图 2-2　1970~2011 年拉美发展中国家经常项目失衡状况

数据来源：世界银行统计数据库。

2. 亚洲地区发展中国家的经常项目失衡状况

1970~1996 年，亚洲地区发展中国家的经常项目持续处于逆差状态，逆差规模和逆差占 GDP 的比重都呈现长期扩大的趋势，其结果是引发了 1997 年的亚洲金融危机。从经常项目逆差的绝对值来看，亚洲地区发展中国家经常项目逆差的峰值出现在 1995 年，达 290.99 亿美元，占同期 GDP 的 2.22%。20 世纪 90 年代中期之后，亚洲地区的许多发展中国家，尤其是东亚国家开始实行出口导向型的外贸战略，东亚地区的贸易顺差开

始凸显。1997 年，亚洲地区发展中国家的经常项目首次出现顺差。此后，顺差规模飞速扩大。2008 年，亚洲地区发展中国家的经常项目顺差规模达 4541.15 亿美元，占 GDP 的 7.68%。虽然受国际金融危机的影响，亚洲地区发展中国家的经常项目顺差规模有所回落，但经常项目顺差规模占 GDP 的比重持续高于 2.5%（见图 2-3）。

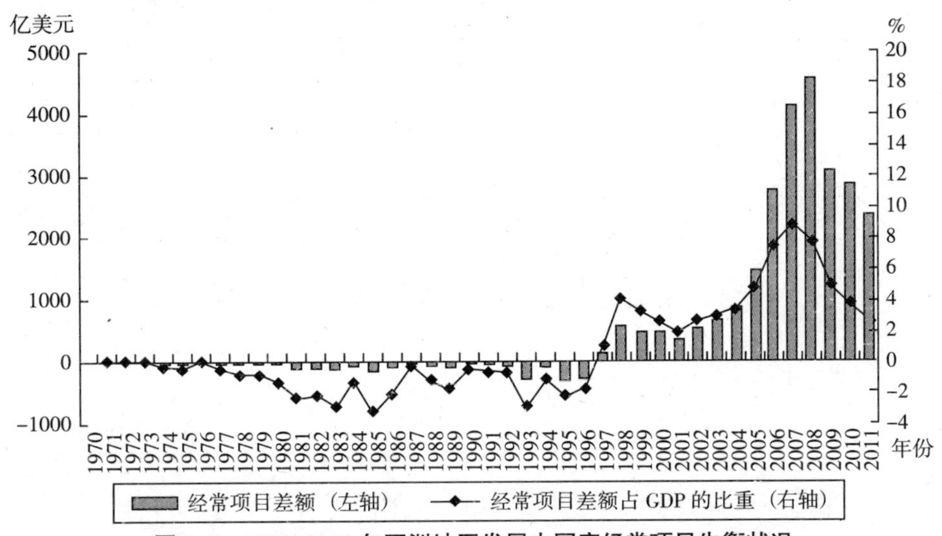

图 2-3　1970~2011 年亚洲地区发展中国家经常项目失衡状况

数据来源：世界银行统计数据库。

3. OECD 成员国的经常项目失衡状况

20 世纪 70 年代以来，OECD 成员国的经常项目大都处于逆差状态，但逆差规模占 GDP 的比重明显小于拉美发展中国家和亚洲地区发展中国家。1970~1999 年，OECD 成员国的逆差规模占 GDP 的比重只在 1980 年超过 1%。进入 21 世纪以后，OECD 成员国的经常项目逆差开始大幅度上升，占 GDP 的比重也明显增加。2008 年，OECD 成员国的经常项目逆差规模达 6825.60 亿美元，占 GDP 的 1.56%。受国际金融危机及后续的欧元区主权债务危机的影响，OECD 成员国的经常项目逆差规模有所回落，但从整体上来说，OECD 成员国的经常项目仍呈现逆差状态（见图 2-4）。

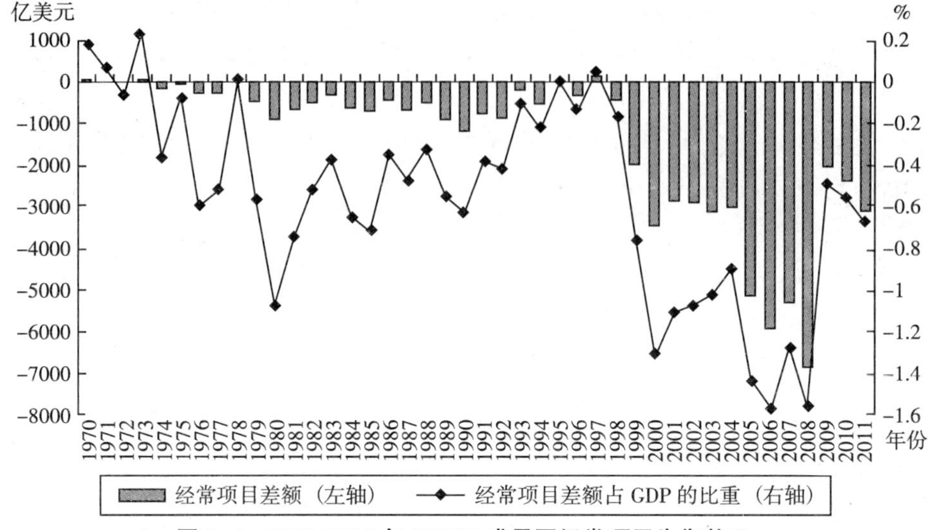

图 2-4　1970~2011 年 OECD 成员国经常项目失衡状况

数据来源：世界银行统计数据库。

第二节　墨西哥金融危机前的经常项目失衡状况

简单来看，经常项目逆差就是进口大于出口，进出口的相对变化可以直观地反映经常项目逆差的原因。与此同时，储蓄—投资理论认为，经常项目差额是一国储蓄与资本积累存量的差额，也就是说储蓄—投资缺口是导致其贸易逆差的内在原因。为此，以下几节将分别以墨西哥、泰国、马来西亚、菲律宾、印度尼西亚、美国、希腊、爱尔兰、葡萄牙、西班牙等历次金融危机中的典型国家为样本，介绍各国金融危机前的经常项目失衡状况，并从进出口、储蓄率与投资率等角度简要分析各国经常项目失衡产生的原因。

1982 年墨西哥爆发金融危机后，由于比索的剧烈贬值等一系列因素，墨西哥的经常项目逆差问题得到了很大的缓解。1983 年经常项目差额由逆差转为顺差，顺差占 GDP 的比重接近 4%。可是好景不长，在 1983 年后墨西哥的经常项目顺差又开始迅速减小，并在 1986 年再次转为逆差。虽然在 1987 年有短暂回弹，但在 1988 年以后又持续呈现逆差状态。此

后，墨西哥的经常项目逆差不断增加，在经常项目逆差最高的 1992 年，其占 GDP 的比重超过 6%（见图 2-5）。

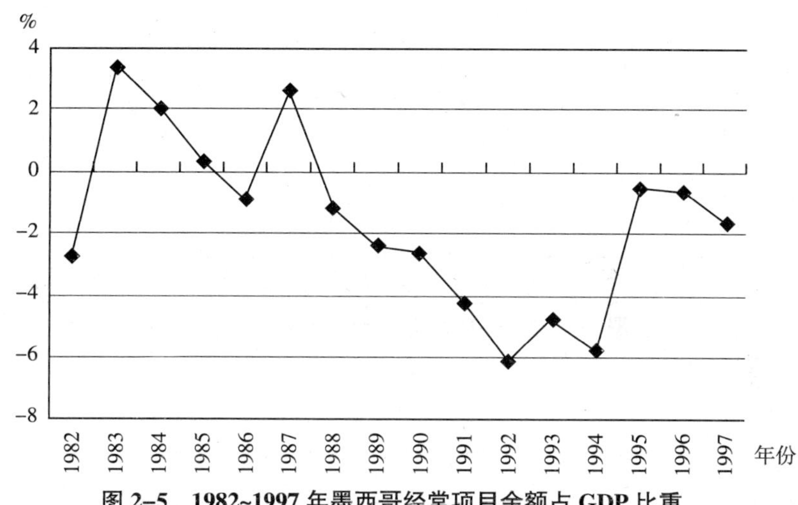

图 2-5 1982~1997 年墨西哥经常项目余额占 GDP 比重

数据来源：国际货币基金组织 WEO 数据库。

从出口和进口的角度来看，1982~1994 年，墨西哥维持钉住美元的汇率制度，造成了比索人为的高估。墨西哥比索高定值的固定汇率制导致资本品和原料的进口激增。1982 年以来，比索实际有效汇率升值并没能缓解墨西哥进出口持续上升的态势。1987~1993 年，墨西哥比索的实际有效汇率升值了 73.5%（见图 2-6），但同期墨西哥的出口仍然保持平稳上升的趋势。1987~1993 年，墨西哥的进口总额从 200 亿美元增加到接近 800 亿美元，上升了 283%，年平均增长率高达 20%（见图 2-7）。因此，造成墨西哥经常项目逆差的直接原因是进口的大幅增长。

从储蓄和投资的角度来看，由于盲目追求美国消费模式，墨西哥的消费品和奢侈品进口也迅速增加，储蓄率在 1993 年之前呈现持续下降的趋势。墨西哥 1981 年的投资率为 28.3%，1982 年危机爆发期间下降到了 24.9%，此后投资一直没有完全恢复，1983~1992 年都处于占 GDP 21%左右的水平。由于金融危机的影响，墨西哥的储蓄率在 1983 年上升了 3%，达到了 25.6%，但随后就呈下降趋势（1987 年除外）。1986 年，墨西哥的储蓄率从 23%剧烈下降到了 18.7%，这一水平甚至低于 1982 年

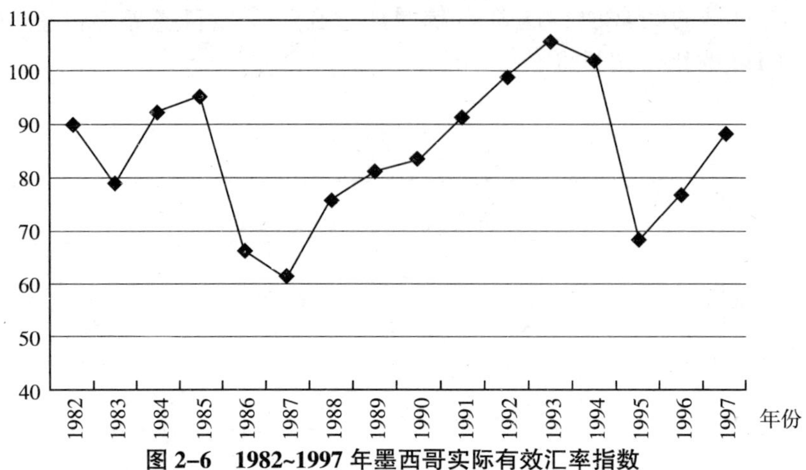

图 2-6　1982~1997 年墨西哥实际有效汇率指数

数据来源：国际货币基金组织 IFS 数据库。

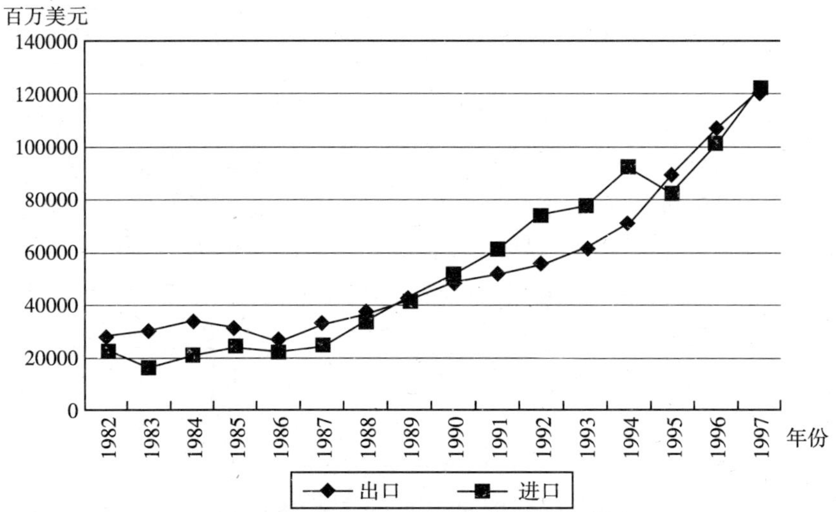

图 2-7　1982~1997 年墨西哥进出口情况

数据来源：国际货币基金组织 IFS 数据库。

危机前的储蓄率，1992 年储蓄率又进一步下滑，仅占 GDP 的 15%（见图 2-8）。因此，造成这一时期墨西哥经常项目变化的内在原因来自于储蓄率的变化。

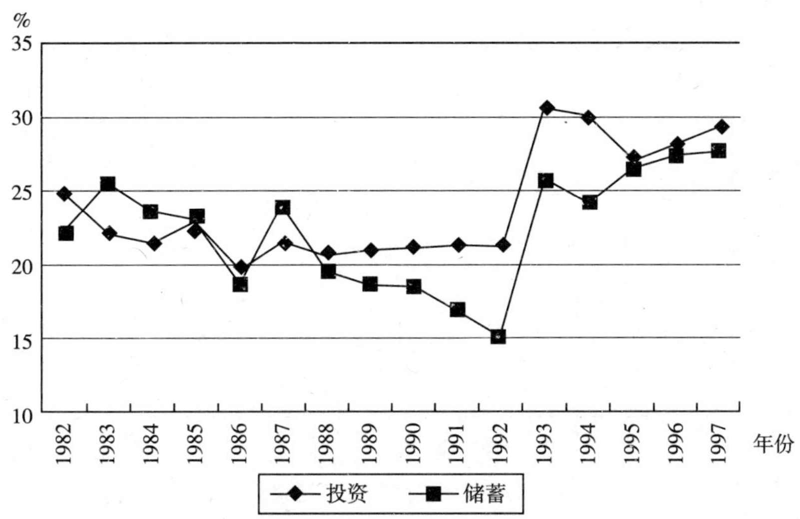

图 2-8　1982~1997 年墨西哥投资与储蓄占 GDP 比重

数据来源：国际货币基金组织 WEO 数据库。

第三节　东南亚国家金融危机前的经常项目失衡状况

一、泰国

泰国的经常项目在 1980~1997 年（1986 年除外）期间一直处于持续逆差状态（见图 2-9）。1990 年泰国的逆差占 GDP 之比由 1989 年的 3.5%突然上升到 8.3%，虽然 1990~1993 年经常项目逆差又从占 GDP 的 8.3%减少到了 5%，但仍然显著高于 1985~1989 年的水平。1994 年后泰国经常项目逆差再一次开始增加，金融危机爆发前（1995 年和 1996 年）逆差占 GDP 的比重高达 7.9%（见图 2-9）。

从出口和进口的角度来看，20 世纪 80 年代以来，泰国实施了出口导向发展战略，将工业集中在劳动力密集型产业上，出口迅猛增长。但是，以强制的行政手段将泰铢汇率维持在高水平上，对经济活动释放出不正确

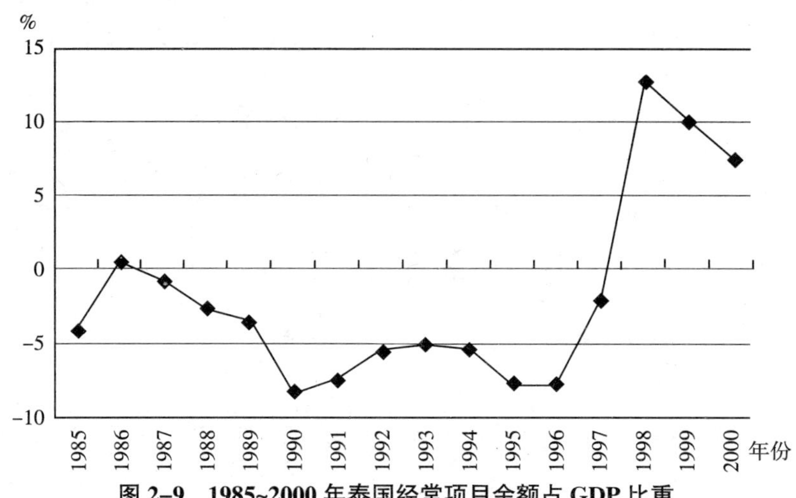

图 2-9　1985~2000 年泰国经常项目余额占 GDP 比重

数据来源：国际货币基金组织 WEO 数据库。

的信号，使得泰国出口的增长速瘦始终低于进口的增长速度。泰国的出口在 1985~1995 年期间保持了迅猛增长。在这十年内，泰国的出口总额平均年增长率为 23%，1995 年的出口额几乎是 1985 年的八倍。1987~1995 年泰国进口总额平均年增长率高达 27%，1990 年和 1995 年经常项目突然恶化的原因就是进口的加速增长。虽然在危机爆发前夕的 1996 年，进口的增速突然从 1995 年的 29%骤降到了 2%，但同时出口的增长也在十年来首次出现停滞，下降至 2%，经常项目的情况并没有得到改善（见图 2-10）。因此，泰国经常项目在这个时期内变化的直接原因是进口的变化。

从储蓄和投资的角度来看，在泰国的经济发展过程中，泰国以高利率大量向外举债的方式吸引外资，以高投资率来拉动经济增长。泰国的储蓄率在 1980~1991 年期间一直呈上升趋势，1991~1997 年也基本保持在 34%左右，泰国的投资率从 1987 年开始持续攀升，1990 年升至 41%后直到 1996 年都停留在 40%以上（见图 2-11）。因此，泰国经常项目逆差的内在原因是过高的投资率。

二、马来西亚

除 1987~1989 年外，马来西亚的经常项目在 1980~1997 年期间一直处

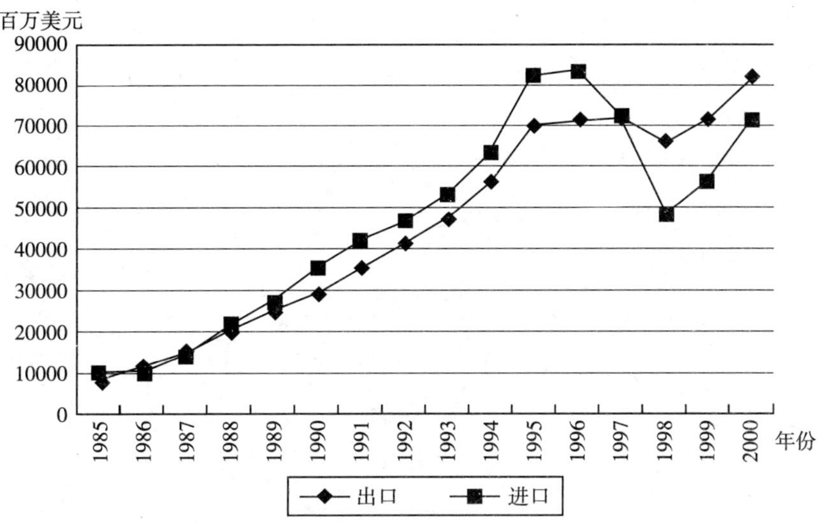

图 2-10　1985~2000 年泰国进出口情况

数据来源：国际货币基金组织 IFS 数据库。

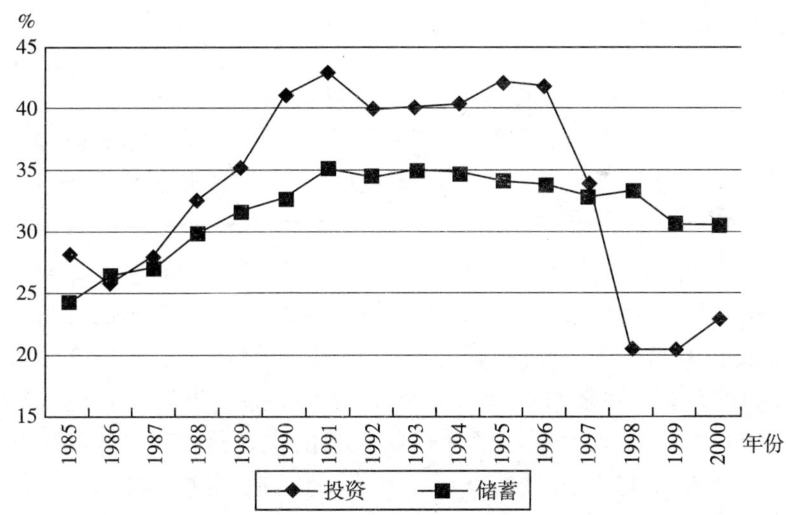

图 2-11　1985~2000 年泰国投资与储蓄占 GDP 比重

数据来源：国际货币基金组织 WEO 数据库。

于逆差状态。1987 年后马来西亚的经常项目顺差不断缩小，并在 1990 年转为逆差，在 1991 年逆差更是高至占 GDP 的 8.6%。1992 年马来西亚经常项目逆差短暂反弹到 3.7%之后又开始继续恶化，1995 年逆差占 GDP 之比已经达到了自 1984 年以来的最高点 9.7%。在危机爆发前的 1996 年，经常项目逆差缩小到了 4.4%（见图 2-12）。

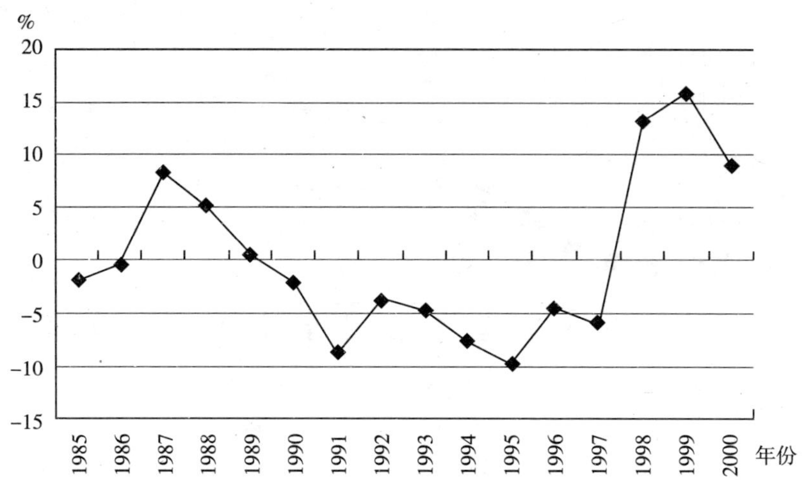

图 2-12　1985~2000 年马来西亚经常项目余额占 GDP 比重

数据来源：国际货币基金组织 WEO 数据库。

从出口和进口的角度来看，在 1985~1997 年马来西亚的出口与进口之间并没有太大的缺口。与许多发展中国家一样，马来西亚面临着储蓄—投资双缺口的限制。为了推动本国经济增长，马来西亚大量吸引外商直接投资，导致外商直接投资比重过高。一般来说，外商直接投资通常要求更高的投资回报率，以投资收益、专利费等形式的外汇汇出，从而对马来西亚经常项目产生赤字压力，这就导致外国通过在马来西亚拥有的资产所得到的收入显著高于马来西亚通过在国外拥有的资产所得到的利润和收入。1991~1997 年，马来西亚经常项目的收入项持续为负，且逆差规模持续扩大。1997 年，马来西亚经常项目收入项的逆差规模从 1991 年的 24.7 亿美元增加到 50.7 亿美元（见表 2-1）。因此，造成这一时期马来西亚经常项目逆差的直接原因是本国资产所得到的利润和收入相对较低。

表 2-1　马来西亚 1991~1997 年经常项目余额构成

单位：百万美元

年份	经常项目余额	商品及服务贸易	收入	转移支付
1991	-4183	-1779	-2473	89
1992	-2167	804	-3143	172

续表

年份	经常项目余额	商品及服务贸易	收入	转移支付
1993	–2991	–68	–3211	288
1994	–4520	–1155	–3595	229
1995	–8469	–3483	–4144	–843
1996	–4596	1028	–4696	–928
1997	–4792	1376	–5073	–1094

数据来源：国际货币基金组织，Balance of Payments Statistics Yearbook（1999）。

从储蓄和投资的角度来看，马来西亚储蓄—投资双缺口的限制通过大量吸引外商直接投资来增加投资，进而推动经济增长，其投资率增长相对较快。从投资率来看，1987~1997 年，马来西亚的投资率涨势迅猛，1987 年的投资率仅为 23%，而 1997 年投资率已经高达 43%，十年间上升了 20 个百分点；从储蓄率来看，马来西亚的储蓄率在 1987~1991 年期间较为平稳，在 1991~1998 年期间呈稳步上升趋势，从 1991 年的 29%上升到 1998 年的 40%，仅上升了 10 个百分点（见图 2–13）。因此，马来西亚经常项目逆差的内在原因是投资率的上升。

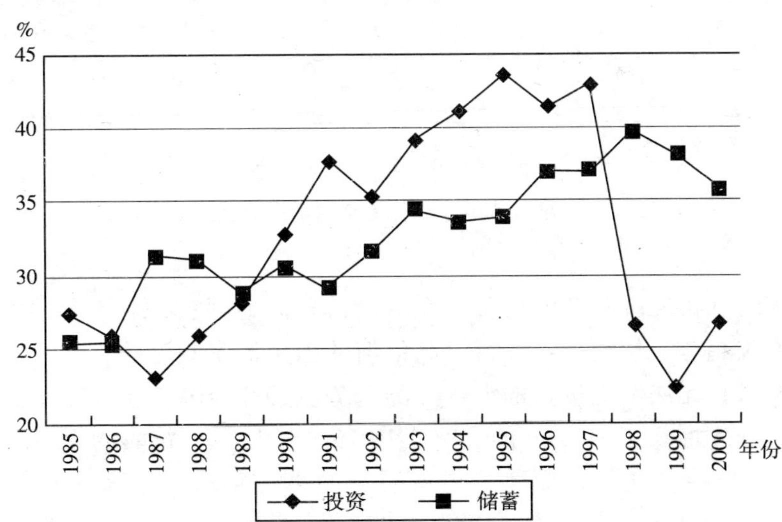

图 2–13　1985~2000 年马来西亚投资与储蓄占 GDP 比重

数据来源：国际货币基金组织 WEO 数据库。

三、菲律宾

菲律宾的经常项目在1989~1997年期间均为逆差。1986年菲律宾的经常项目顺差占GDP的3.6%，随后经常项目不断恶化并转为逆差，在1990年菲律宾的经常项目逆差已经高达GDP的5.5%。1990~1997年经常项目逆差波动较为频密，但在危机爆发前夕（1993~1997年）经常项目逆差占GDP之比（除1995年外）基本维持在4%~5%（见图2-14），都高于警戒线。

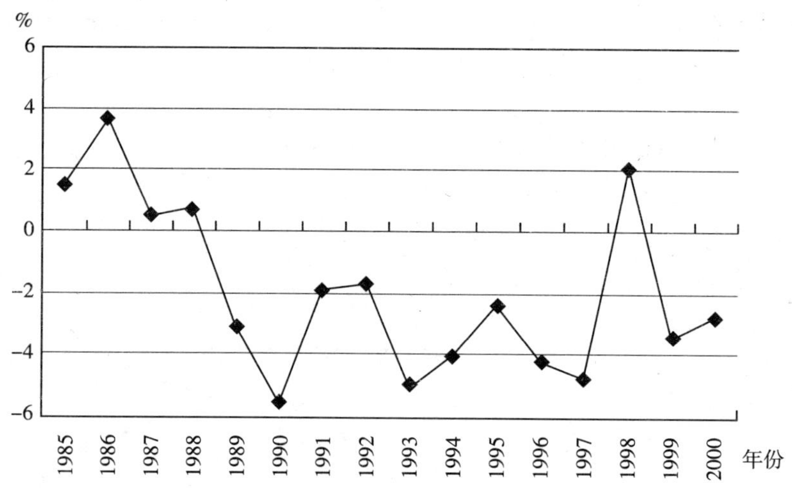

图2-14 1985~2000年菲律宾经常项目余额占GDP比重

数据来源：国际货币基金组织WEO数据库。

从出口和进口的角度来看，作为出口导向型国家，菲律宾的出口一直保持增长趋势。然而，在实行过高估值的固定汇率制度的背景下，菲律宾出口的增长无法跟上进口的大幅上涨趋势。1987 ~1997年，菲律宾出口总额的平均年增长率为GDP的17%。在1994年后，菲律宾的出口表现尤其突出。1994~1997年，菲律宾出口总额的平均年增长率高达6%。但是，菲律宾的进口增速也较快，1987~1997年，菲律宾进口总额的平均年增长率为GDP的22%，高于出口增速（见图2-15）。因此，造成菲律宾经常项目逆差的直接原因是进口的大幅上涨。

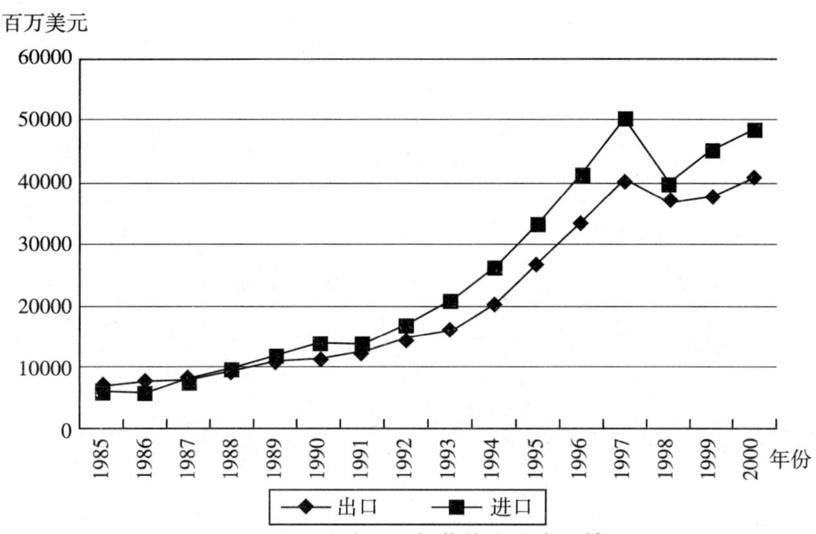

图 2-15 1985~2000 年菲律宾进出口情况

数据来源：国际货币基金组织 IFS 数据库。

从储蓄和投资的角度来看，在国内资金不足的情况下，菲律宾长期通过吸引外商直接投资来推动经济增长，使得金融危机前菲律宾的投资率保持在较高水平。1988~1997 年菲律宾的储蓄率很低但较为平稳，一直保持在 16%~17%。而投资率在 1985~1990 年期间从 17.4%上升至 25.8%，造成经常项目恶化，此后投资增速放缓，平均水平为 GDP 的 25%左右，经常项目逆差也没有出现大幅波动（见图 2-16）。因此，造成这一时期菲律宾经常项目逆差的内在原因是投资率过高。

四、印度尼西亚

印度尼西亚也是一个有持续经常项目逆差的国家。1981~1997 年印度尼西亚的经常项目均处于逆差状态。1986 年，印度尼西亚经常项目逆差占 GDP 的比重一度超过 4%，此后又有所回落。1990~1997 年，印度尼西亚的经常项目逆差一直在占 GDP 2%~3.5%的区间内小幅波动，虽然印度尼西亚经常项目逆差在 GDP 中的占比在 1991 年、1995 年、1996 年等年份超过了 3%的国际警戒线，但这一比例在随后的年份都迅速回落（见图 2-17）。

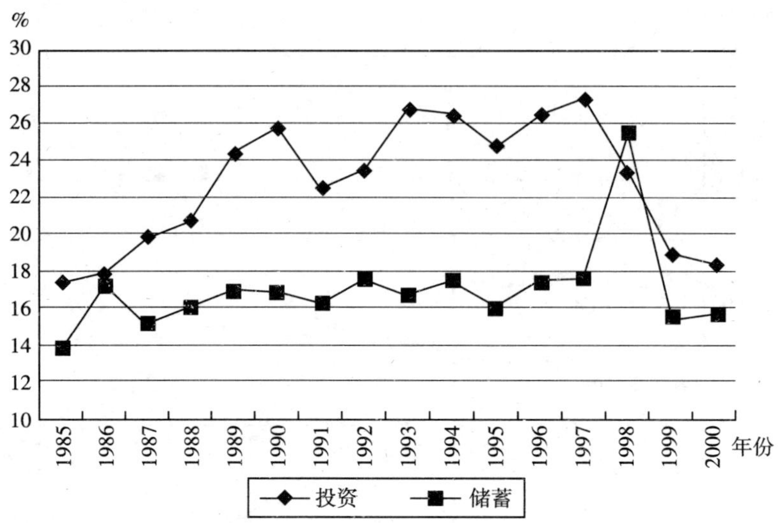

图 2-16 1985~2000 年菲律宾投资与储蓄占 GDP 比重

数据来源：国际货币基金组织 WEO 数据库。

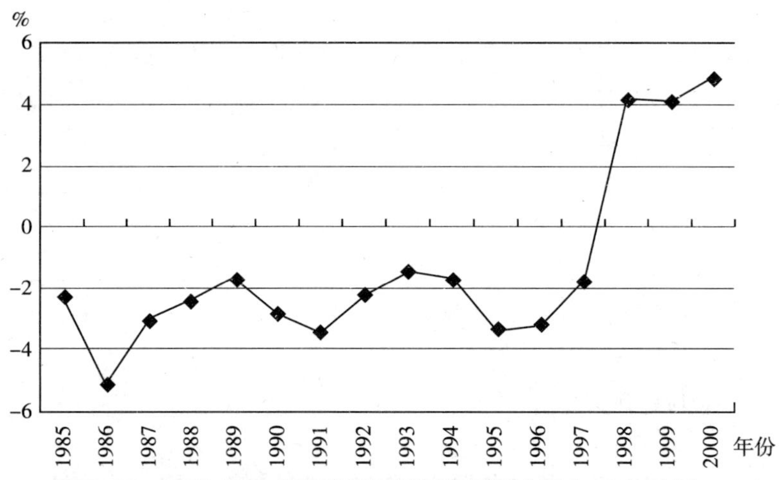

图 2-17 1985~2000 年印度尼西亚经常项目余额占 GDP 比重

数据来源：国际货币基金组织 WEO 数据库。

从出口和进口的角度来看，商品及服务贸易并不是造成印度尼西亚经常项目逆差的最主要原因。1991~1994 年印度尼西亚的商品及服务出口一直大于商品及服务进口，直到 1995 年商品及服务贸易项目余额才转为负数（见表 2-2）。外国通过在印度尼西亚拥有的资产所得到的收入远高于印度尼西亚通过在国外拥有的资产所得到的利润和收入。1991~1994 年，

收入项目都处于逆差状态，而且逆差都大于整个经常项目的逆差，在 1995 年和 1996 年收入项目的逆差也高达经常项目逆差的 91%和 78%。因此，造成这一时期印度尼西亚经常项目逆差的直接原因来源于收入项目。

表 2-2　印度尼西亚 1991~1997 年经常项目余额构成

单位：百万美元

年份	经常项目余额	商品及服务贸易	收入	转移支付
1991	−4260	1059	−5581	262
1992	−2780	2313	−5664	571
1993	−2106	2344	−4987	537
1994	−2792	1282	−4693	619
1995	−6431	−1538	−5874	981
1996	−7663	−2592	−6008	937
1997	−4889	409	−6332	1034

数据来源：国际货币基金组织，Balance of Payments Statistics Yearbook（1999）。

从储蓄和投资的角度来看，1992 年以前，印度尼西亚的投资率持续高于储蓄率，在这段期间，似乎可以将投资率高于储蓄率看作印度尼西亚经常项目逆差的内在原因。然而，印度尼西亚的投资率在 1992 年出现了一个较大的下滑，此后的 1993~1997 年投资率略高于储蓄率，但储蓄率和投资率均较为平稳，并没有出现大幅波动（见图 2-18）。因此，从储蓄率和

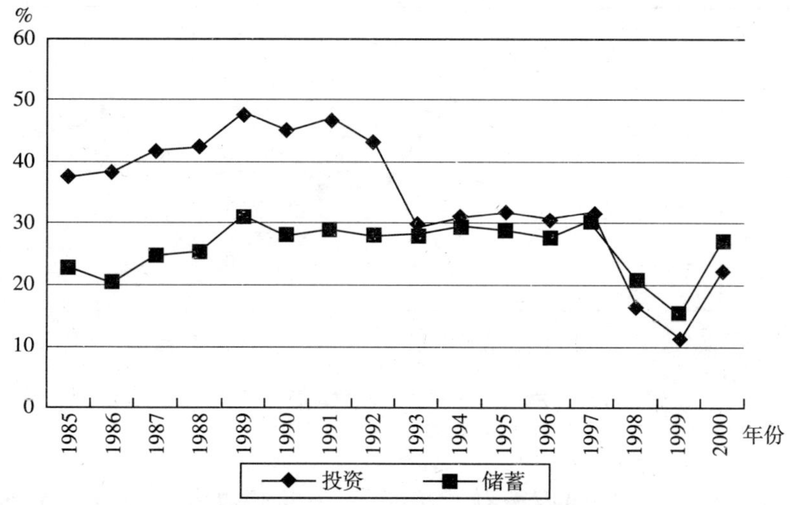

图 2-18　1985~2000 年印度尼西亚投资与储蓄占 GDP 比重

数据来源：国际货币基金组织 WEO 数据库。

投资率的变化方面无法分析出印度尼西亚经常项目逆差的内在原因。

第四节　美国次贷危机爆发前经常项目失衡状况

美国的经常项目逆差首次出现于 1971 年，但在随后几年里美国经常项目表现稍有反复，1991 年，美国的经常项目还有一定的顺差。从 1992 年开始，美国的经常项目出现了明显的恶化，此后美国的经常项目持续呈现逆差状态。1994 年，美国经常项目逆差占 GDP 的比重达 1.6%。此后，美国经常项目逆差规模相对比较平稳，这一比例维持到了 1997 年。1998 年后，美国经常项目每况愈下，经常项目逆差占 GDP 的比重快速提高。1999 年，美国经常项目逆差占 GDP 的比重超过了 3%的国际警戒线；2000 年，美国经常项目逆差占 GDP 的比重超过 4%；2004 年，美国经常项目逆差占 GDP 的比重突破国际公认的 5%的最高标准，达到 5.3%；2006 年底，美国经常项目逆差高达 GDP 的 6%（见图 2-19）。

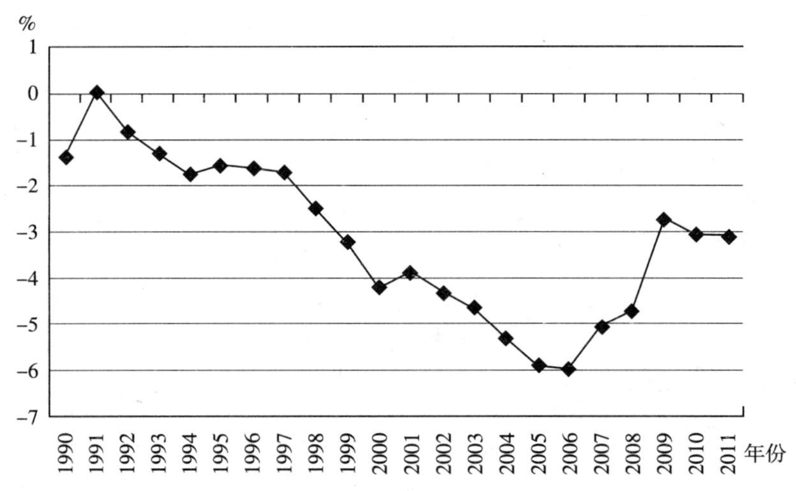

图 2-19　1990~2011 年美国经常项目余额占 GDP 比重

数据来源：国际货币基金组织 WEO 数据库。

从出口和进口的角度来看，20 世纪 70 年代以来，美国与其他国家的贸易竞争力差距日益减小，经常项目由顺差转为逆差。1993 年，克林顿

政府推出的“国家出口战略”使美国出口贸易取得了相当迅猛的发展，出口贸易额连年增长。但即便如此，美国出口增长速度仍低于进口增长速度，致使经常项目逆差呈现逐渐加剧的态势。1990 年以来，由于实际汇率的上升，美国的出口总量在 1990~2000 年期间也呈现缓慢上升的趋势。2001~2003 年，美国出口增长停滞，到了 2004 年，由于实际汇率的大幅贬值（见图 2-20），美国的出口又开始恢复增长。1998~2008 年，美国出口的平均年增长率在 7%左右。美国进口总量的变化趋势与出口极为相似，也是从 1990~2000 年稳步上升，2001~2003 年增长停滞，2004 年后加速增长。但是，进口的增速高于出口的增速。1999 年和 2000 年，进口总量增速分别达到 12%和 18%，拉开了与出口的差距，1998~2008 年的进口总量平均年增长率为 9%（见图 2-21）。因此，美国经常项目逆差的直接原因在于进口的迅猛增长。

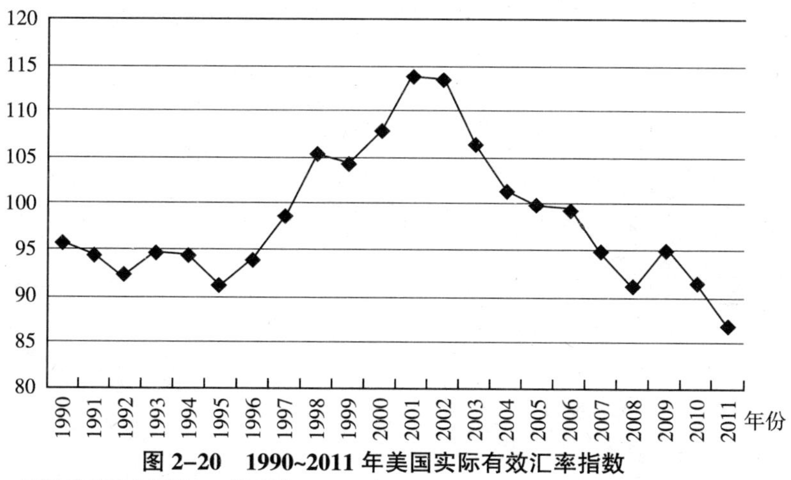

图 2-20　1990~2011 年美国实际有效汇率指数

数据来源：国际货币基金组织 IFS 数据库。

从储蓄和投资的角度来看，20 世纪 80 年代以来，美国将消费信贷作为扩大消费、缓解收入分配差距的一种有效方式而大力推广，为美国的过度消费创造了条件。相应地，储蓄不足就成为消费过度膨胀的必然结果。美国的经常项目恶化过程可以分为三个阶段：第一个阶段为 20 世纪 90 年代后期，在这一阶段，美国的经常项目逆差反映的主要是投资的上升；第二个阶段为 2000~2003 年，在这一阶段，投资率开始下降，美国的经常项目逆差主要由储蓄率的下降造成；第三个阶段为 2004~2006 年，在这一阶

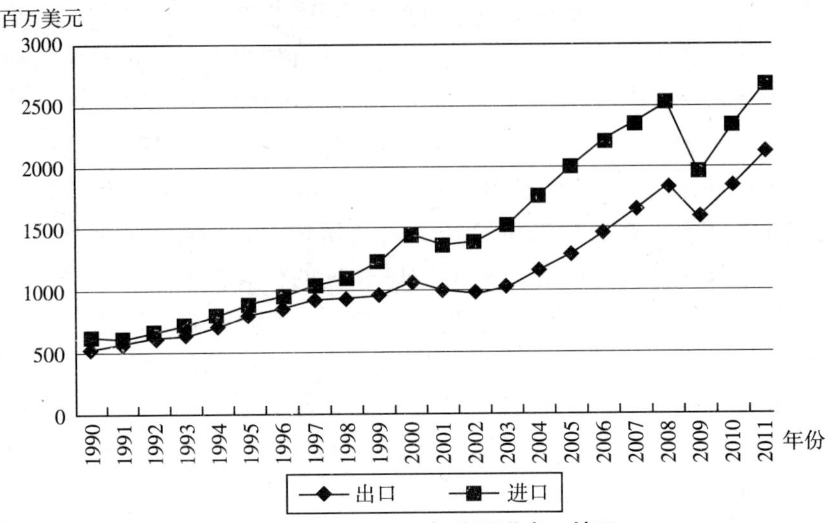

图 2-21　1990~2011 年美国进出口情况

数据来源：国际货币基金组织 IFS 数据库。

段，储蓄率有所回升，但是投资再度攀升。从总体上来看，美国的投资率持续高于储蓄率，而且两者间的差异在 2000 年后明显上升，造成经常项目逆差持续扩大（见图 2-22）。因此，造成这一时期美国经常项目逆差的内在原因是投资率持续高于储蓄率。

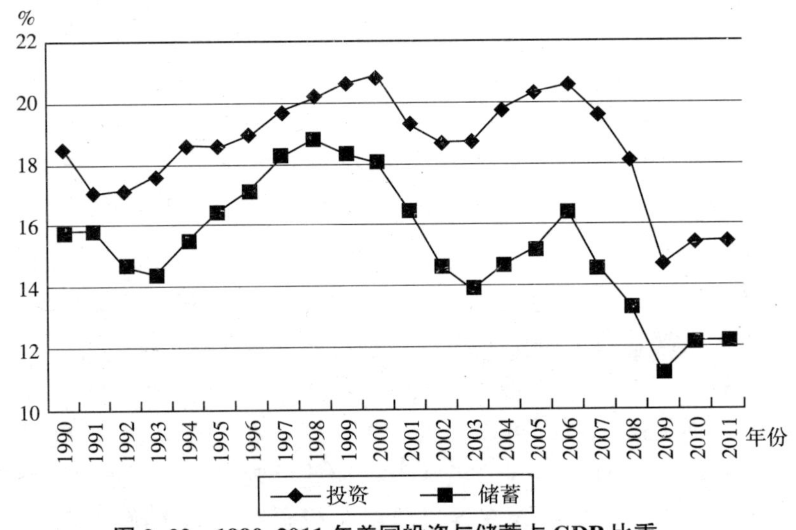

图 2-22　1990~2011 年美国投资与储蓄占 GDP 比重

数据来源：国际货币基金组织 WEO 数据库。

第五节 欧元区主权债务危机爆发前部分国家的经常项目失衡状况

一、希腊

希腊的经常项目持续呈现逆差状态，虽然经常项目逆差占 GDP 的比重在 1994 年一度低至 0.1%，但是随后又开始急剧恶化。1997 年，希腊经常项目逆差占 GDP 的比重已经超过了 3%的警戒线；1999 年之后，希腊的经常项目逆差快速扩大；1999 年，希腊经常项目逆差占 GDP 的比重突破了国际公认的 5%的最高标准；2000 年，希腊的经常项目逆差已经达到了 GDP 的 7.8%。为了加入欧元区，希腊政府从 2001 年开始努力缓解经常项目逆差。2001 年，希腊的经常项目逆差缩小至 7.2%。此后，希腊的经常项目逆差继续缩小。2004 年，希腊经常项目逆差占 GDP 的比重下降到 5.8%。但是，2004 年后希腊的经常项目开始剧烈恶化，2004~2008 年，希腊经常项目逆差占 GDP 之比上升了 9.2%，达到了史上最高的 14.9%。总的来说，除了 2001~2004 年，希腊的经常项目逆差一直呈不断扩大的趋势，且在 2000 年后经常项目逆差均高于 GDP 的 5%的国际最高标准（见图 2-23）。

从出口和进口的角度来看，虽然希腊的实际有效汇率在 2000~2009 年升值了 21%（见图 2-24），但希腊的出口并没有出现下行趋势。1999~2002 年，希腊的出口总量较为平稳，2003 年后加速增长，2002~2008 年总出口量平均年增长率为 18%。希腊的进口趋势与出口趋势相似，1999~2002 年较为平稳（但高于总出口量），2003 年后加速增长且增速比出口增速更快，年平均增长率为 20%，2007 年增速更高达 25%，造成进口总额与出口总额之间的差距迅速扩大（见图 2-25）。因此，造成希腊经常项目持续恶化的直接原因是进口的大幅增加。

从储蓄和投资的角度来看，希腊从 1995 年开始的经常项目逆差恶化过程可以分为三个阶段：第一阶段为 1995~2001 年，在这一阶段储蓄率（除 1997 年外）都处于 GDP 的 15%~16%，相比之下投资率呈上升趋势。

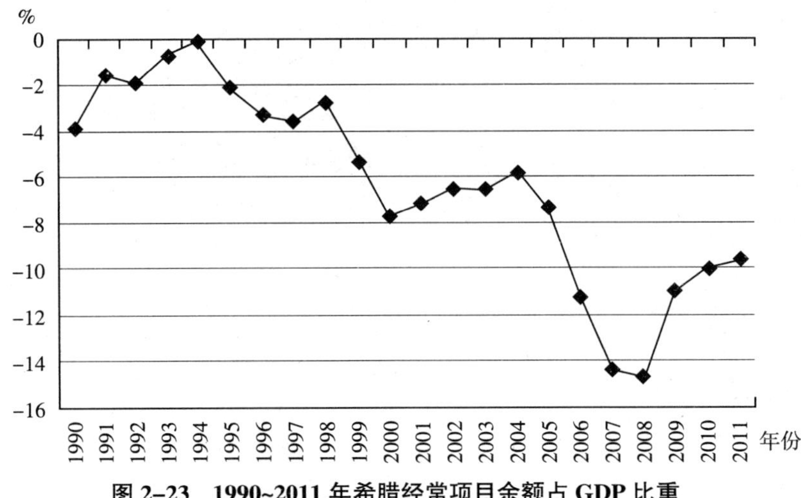

图 2-23　1990~2011 年希腊经常项目余额占 GDP 比重

数据来源：国际货币基金组织 WEO 数据库。

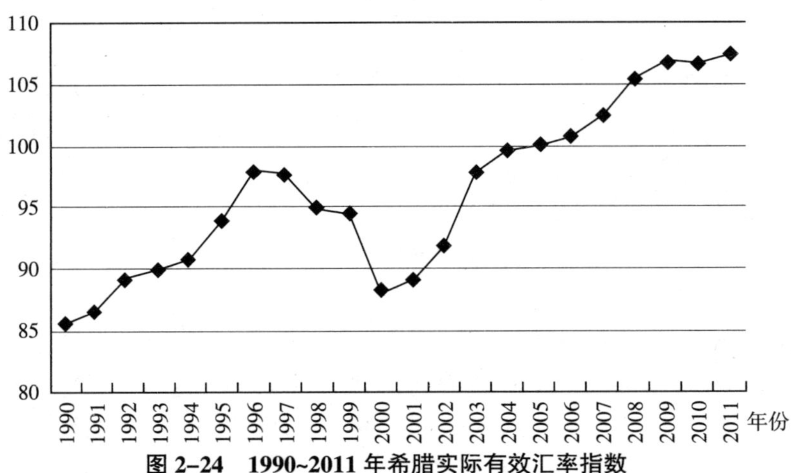

图 2-24　1990~2011 年希腊实际有效汇率指数

数据来源：国际货币基金组织 IFS 数据库。

第二阶段为 2001~2004 年，在这个阶段储蓄率和投资率的变化较为相似，先是同时下降随后又同时上升，因此在这一阶段经常项目的逆差有轻微的改善。第三阶段为 2004~2008 年，投资率的上升和储蓄率的下降造成了逆差的剧烈恶化（见图 2-26）。总体来看，危机爆发的前几年储蓄下降的幅度非常大，远远超过投资的波动，因此，造成希腊经常项目逆差的内在原因是储蓄的大幅下降。

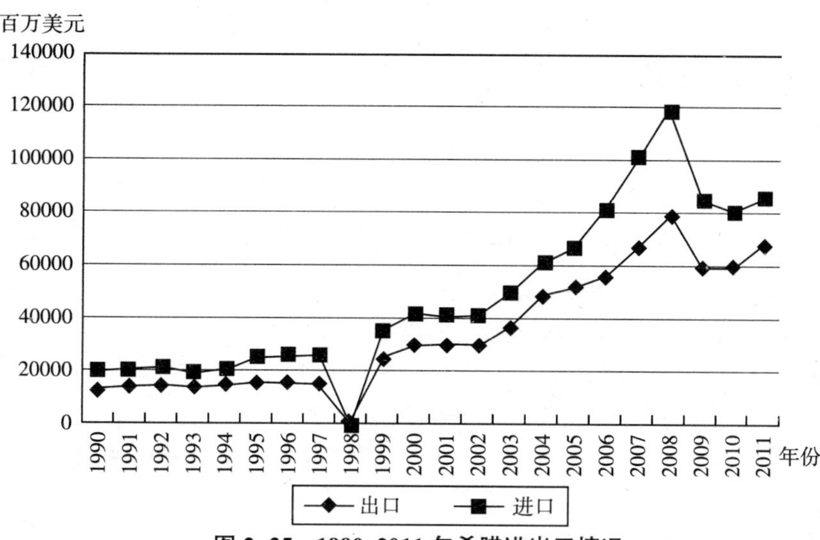

图 2-25　1990~2011 年希腊进出口情况

注：1998 年的数据缺失。
数据来源：国际货币基金组织 IFS 数据库。

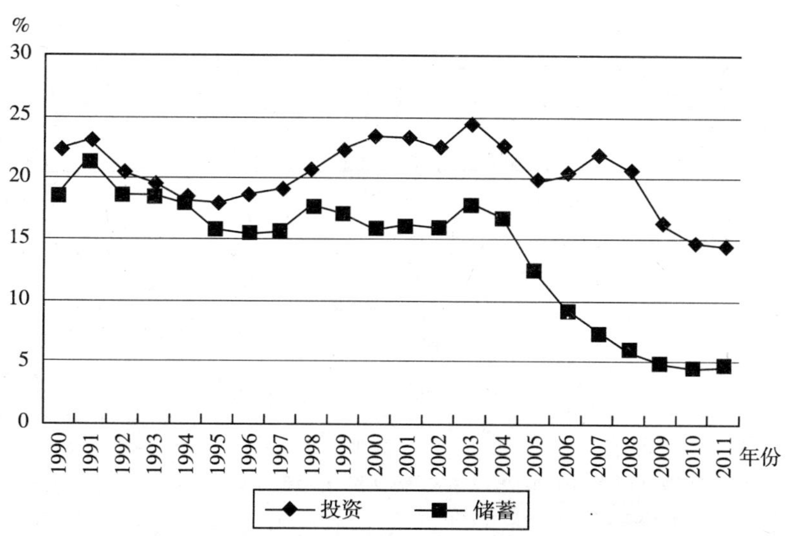

图 2-26　1990~2011 年希腊投资与储蓄占 GDP 比重

数据来源：国际货币基金组织 WEO 数据库。

二、葡萄牙

1990 年以来，葡萄牙的经常项目持续处于逆差状态，并从 1996 年开始急剧恶化。1996 年，葡萄牙经常项目逆差占 GDP 的比重达 4.05%，比上一年增加 3.94 个百分点；1997 年，这一比例又增加至 5.73%，超过国际公认的 5%的最高标准。此后，葡萄牙的经常项目持续恶化。2000 年，葡萄牙经常项目逆差占 GDP 的比重高达 10.39%。2001~2003 年，葡萄牙的经常项目有所改善。2003 年，葡萄牙经常项目逆差占 GDP 的比重回落到 6.47%。但这种状况并未持续太长时间，经常项目逆差占 GDP 的比重从 2004 年又开始上升。2008 年，这一比重达到 12.66%的历史高点。由于葡萄牙进出口对美国以及欧盟国家的依赖性比较强，国际金融危机引起的国际贸易疲软使葡萄牙经常项目逆差占 GDP 的比重有所回落，但至今仍然较高，未回落到 5%的国际最高标准之下（见图 2-27）。

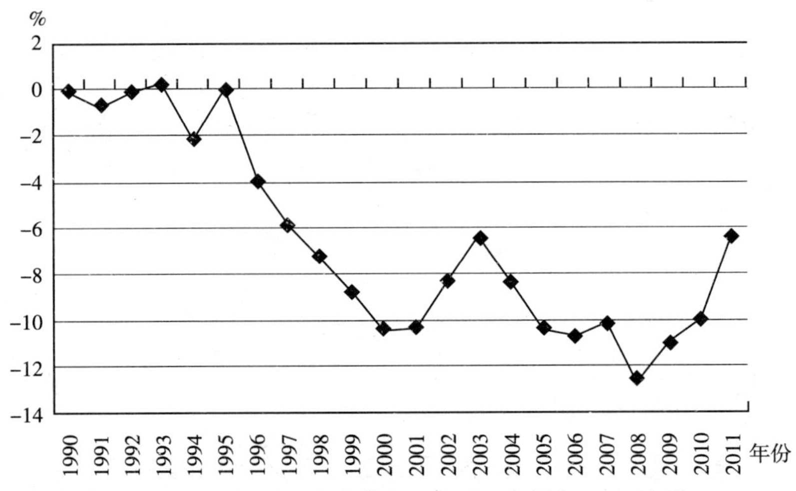

图 2-27　1990~2011 年葡萄牙经常项目余额占 GDP 比重

数据来源：国际货币基金组织 WEO 数据库。

从出口和进口的角度来看，1995~2001 年葡萄牙的出口几乎没有任何增长。进口总量在 1995~2002 年期间增速虽然略高于出口，但总体水平也没有太大变化。与希腊和西班牙相似，葡萄牙的竞争力在 1990~2011 年期间（尤其是在加入欧元区后）明显减弱，2000~2009 年葡萄牙的实际有效汇率升值了 13%（见图 2–28）。虽然 2000~2009 年实际汇率出现显著上升，但是葡萄牙的出口反而开始快速增长，2001~2008 年葡萄牙出口总量年平均增长率为 12%，2008 年的出口总量是 2000 年出口总量的 2.5 倍。然而出口总量的增长并没有带来经常项目逆差的改善。2002 年后葡萄牙进口的增速也开始大幅上升，2002~2008 年进口总量年平均增长率为 13%。因此，造成葡萄牙经常项目持续恶化的直接原因是进口的大幅增加（见图 2–29）。

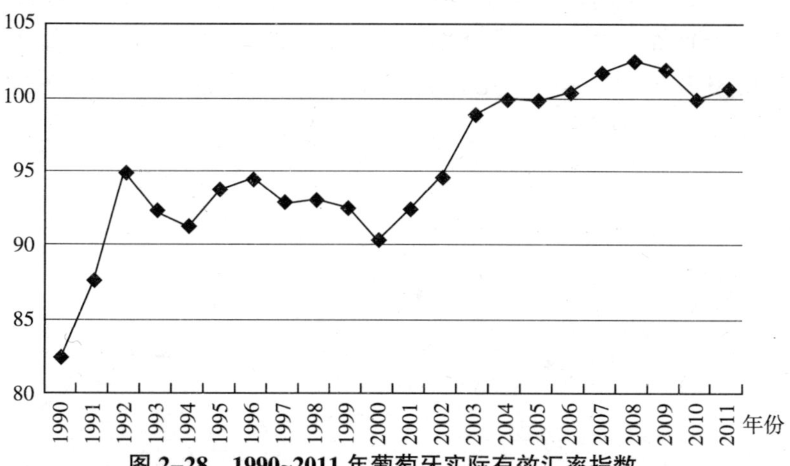

图 2–28　1990~2011 年葡萄牙实际有效汇率指数

数据来源：国际货币基金组织 IFS 数据库。

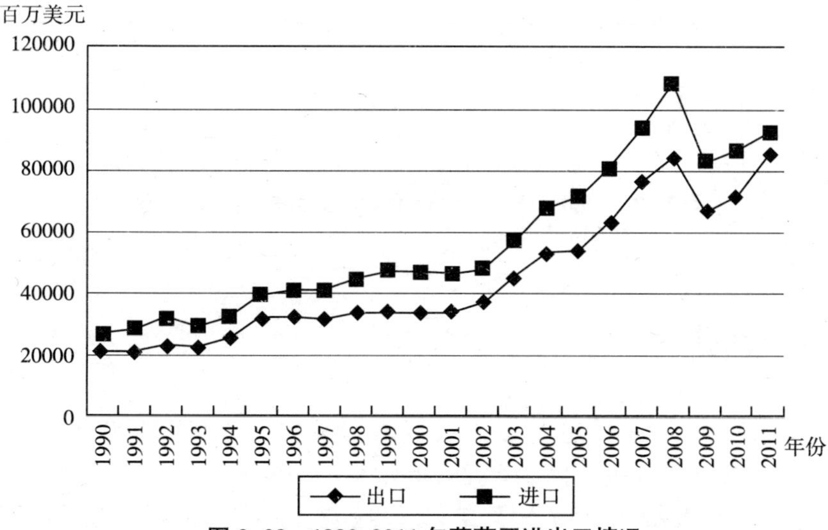

图 2–29　1990~2011 年葡萄牙进出口情况

数据来源：国际货币基金组织 IFS 数据库。

从投资和储蓄的角度来看，葡萄牙经常项目逆差的内在根源十分明显。就储蓄率而言，葡萄牙的储蓄率呈现持续下滑的态势。2009 年，葡萄牙的储蓄率低至 9.4%，比 1990 年下降了 19 个百分点。同期，葡萄牙的投资率则呈现出一定的波动，而且投资率明显高于储蓄率。1990 年，葡萄牙的储蓄率和投资率分别为 30.2%和 28.4%，投资率仅比储蓄率高 1.8 个百分点。2000 年时，这一差距已扩大至 10.7 个百分点。虽然此后葡萄牙的投资率有所回落，但同期储蓄率的快速下降使得投资率仍远远高于储蓄率。2008 年，葡萄牙投资率与储蓄率的差距进一步扩大至 12.2 个百分点（见图 2-30）。由此可见，造成葡萄牙经常项目恶化的内在原因来自于储蓄率的快速下降。

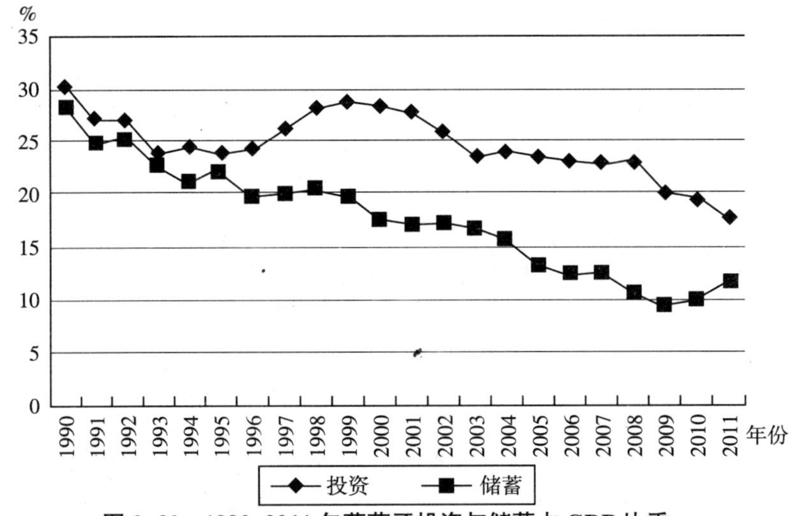

图 2-30　1990~2011 年葡萄牙投资与储蓄占 GDP 比重

数据来源：国际货币基金组织 WEO 数据库。

三、西班牙

西班牙的经常项目逆差恶化过程主要集中在 1997~2000 年和 2003~2008 年两个阶段。1993 年的经济衰退带来的货币贬值使得西班牙的经常项目逆差有所缓解，1997 年经常项目逆差占 GDP 之比曾低至 0.09%。1997 年后经常项目逆差开始逐步扩大，2000 年经常项目逆差增加到了

GDP 的 4%。2001~2003 年西班牙的经常项目逆差有了轻微的好转。总的来说，1990~2003 年，经常项目逆差始终在 GDP 的 5%以内。但是，2003 年后西班牙经常项目逆差经历了持续的剧烈恶化过程。2007 年西班牙的经常项目逆差占 GDP 之比达到了历史最高的 10%，相比 2003 年上升了 6.5%。2008 年的经常项目逆差也高达 GDP 的 9.6%（见图 2-31）。

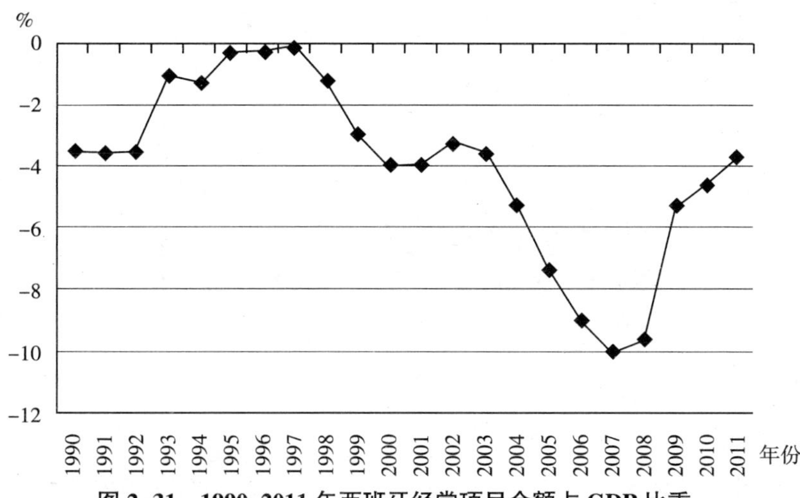

图 2-31　1990~2011 年西班牙经常项目余额占 GDP 比重

数据来源：国际货币基金组织 WEO 数据库。

从出口和进口的角度来看，虽然西班牙的实际有效汇率在 2000~2009 年期间上升了近 20%（见图 2-32），但由于出口的价格弹性较低，西班牙的出口仍然保持了较快增长。2002~2008 年西班牙的出口表现尤其突出，出口总量上涨了 2.3 倍，平均年增长率为 14%。但是，西班牙的进口增长比出口更快，尤其是 2003~2007 年进口总量增势异常迅猛，年平均增长率高达 19%（见图 2-33）。因此，造成西班牙经常项目持续恶化的直接原因是进口的大幅增加。

从投资和储蓄的角度来看，西班牙经常项目逆差的内在根源是显而易见的。就储蓄率而言，西班牙的储蓄率 1995~2008 年比较平稳，几乎一直占 GDP 的 21%~23%。1995 年以后，西班牙的投资率明显脱离储蓄率开始快速增加，并从 1995 年的 21.9%上涨到了 2007 年的最高峰 31%，增加了近 10%（见图 2-34）。由此可见，造成西班牙经常项目恶化的内在原因来自于投资率的上升。

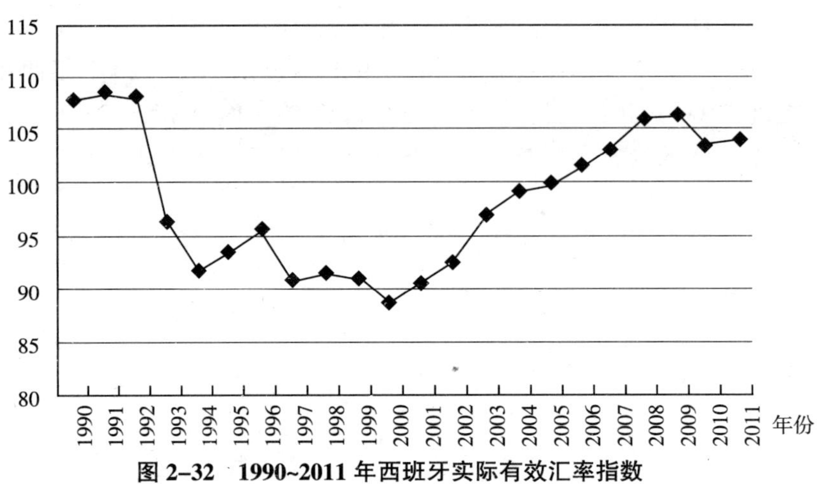

图 2-32 1990~2011 年西班牙实际有效汇率指数

数据来源：国际货币基金组织 IFS 数据库。

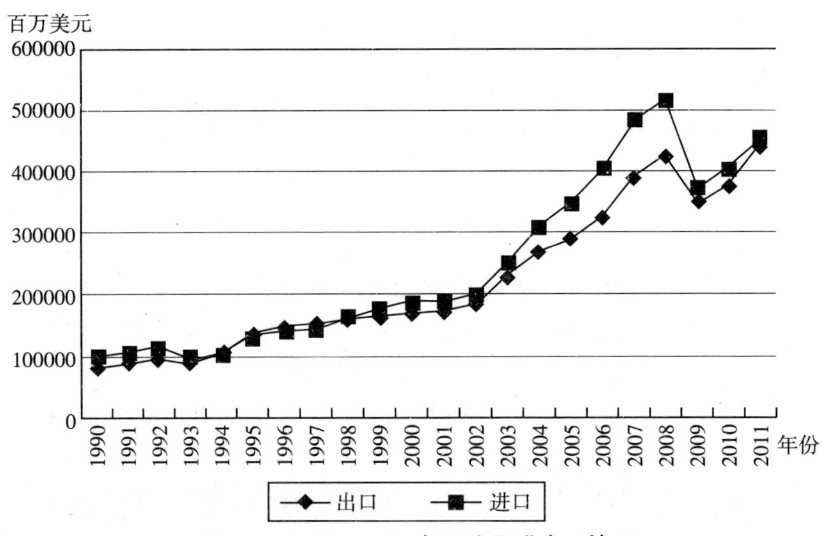

图 2-33 1990~2011 年西班牙进出口情况

数据来源：国际货币基金组织 IFS 数据库。

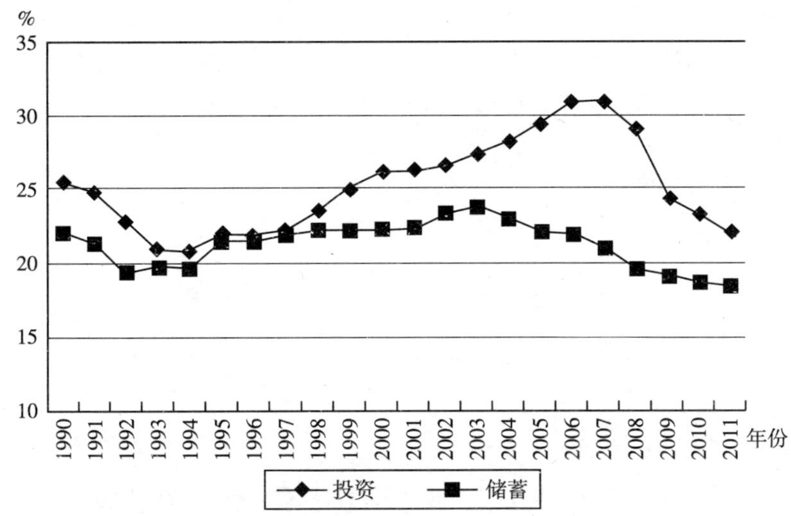

图 2-34 1990~2011 年西班牙投资与储蓄占 GDP 比重

数据来源：国际货币基金组织 WEO 数据库。

四、爱尔兰

1990 年以来，爱尔兰的经常项目呈顺差与逆差交替出现的态势，但经常项目逆差的年份明显多于顺差的年份。1991~1999 年，爱尔兰的经常项目呈现顺差状态，但经常项目顺差最高的 1993 年，其占 GDP 的比例也只有 4.1%。2000 年之后，爱尔兰的经常项目转入逆差，并呈现急剧恶化的趋势。2005 年，爱尔兰的经常项目逆差达 71.50 亿美元，占 GDP 的 3.52%，超过了 3%的警戒线；2007 年，爱尔兰的经常项目逆差达 138.50 亿美元，占 GDP 的 5.33%，超过了 5%的最高标准；2008 年，爱尔兰的经常项目逆差进一步增加到 152.99 亿美元，占 GDP 的 5.80%（见图 2-35）。

从出口和进口的角度来看，爱尔兰的实际有效汇率呈现先升后降的态势。1990~2000 年，爱尔兰的实际有效汇率贬值了 15.2%；在 2000~2011 年，爱尔兰的实际有效汇率升值了 25.7%（见图 2-36），对爱尔兰的竞争力产生了一定影响。虽然爱尔兰的实际有效汇率出现了一定的波动，但却一直没有改变爱尔兰出口持续高于进口的态势（见图 2-37）。实际上爱尔兰一直保持着高贸易顺差，2002~2009 年爱尔兰的贸易顺差一直高于 200 亿美元，2009 年爱尔兰的贸易顺差甚至高达 334 亿美元（见表 2-3）。但

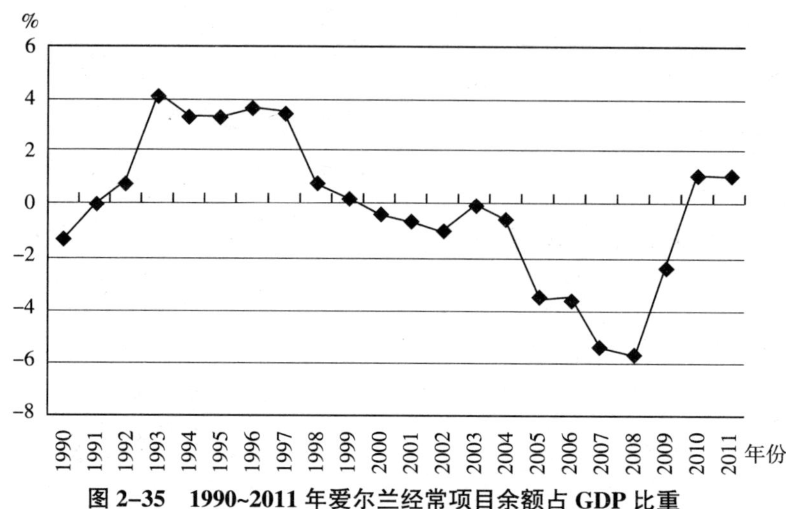

图 2-35　1990~2011 年爱尔兰经常项目余额占 GDP 比重

数据来源：国际货币基金组织 WEO 数据库。

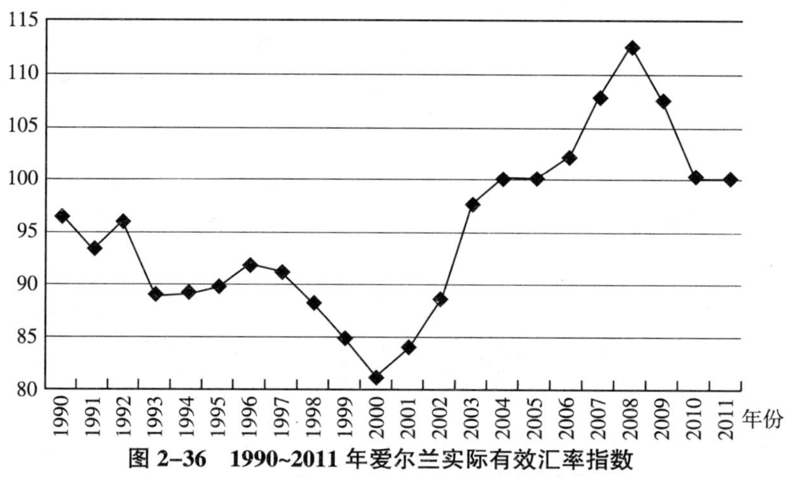

图 2-36　1990~2011 年爱尔兰实际有效汇率指数

注：Index，2005 年=100。
数据来源：国际货币基金组织 IFS 数据库。

是收入项目的逆差远远超过了贸易顺差，爱尔兰的收入项目逆差在 2005 年就突破了 300 亿美元，2009 年更是达到 388 亿美元。造成这一现象的原因是爱尔兰政府一直推行吸引直接投资的政策，造成爱尔兰的直接投资存量很高，大量外商直接投资留存利润通过收入项目流出爱尔兰。因此，爱尔兰经常项目恶化的直接原因是收入项目逆差的增长远高于贸易顺差的增长。

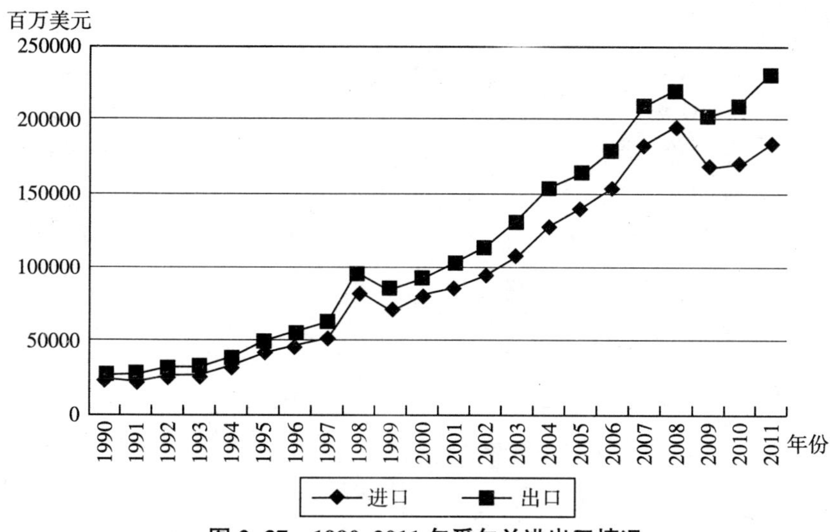

图 2-37　1990~2011 年爱尔兰进出口情况

数据来源：国际货币基金组织 IFS 数据库。

表 2-3　爱尔兰 2002~2009 年经常项目余额构成

单位：百万美元

年份	经常项目余额	商品及服务贸易	收入	转移支付
2002	-1101	20519	-22315	696
2003	89	24346	-24784	527
2004	-1081	26348	-27931	503
2005	-7150	23579	-31014	284
2006	-9095	22550	-31101	-544
2007	-13850	25503	-38094	-1260
2008	-15297	23711	-37135	-1873
2009	-6488	33373	-38752	-1109

数据来源：国际货币基金组织，Balance of Payments Statistics Yearbook（2010）。

从投资和储蓄的角度来看，1992~1999 年，爱尔兰的储蓄率一直高于投资率，而同期爱尔兰的经常项目也处于顺差状态。2001 年之后，爱尔兰的投资率快速上升。2006 年，爱尔兰的投资率达 28.0%，比 2001 年上升 5.4 个百分点，而同期的储蓄率则由 22.6%上升到 24.7%，仅上升了 2.1 个百分点。虽然此后爱尔兰的投资率有所回落，但储蓄率也同样回落，导致投资率持续高于储蓄率，而爱尔兰的经常项目也呈现逆差状态，表明爱尔兰经常项目的变化与储蓄率和投资率的相对变化密切相关。从变化幅度来看，爱尔兰的储蓄率从 1992 年的 16.8%增加到 1997 年的最高点 25%，然后又回落至 2010 年的最低点 11.4%，变化率分别为 8.2 个百分点和 13.6 个百分点；投资率从 1993 年的 15.2%增加到 2006 年的最高点 28.0%，然后又回落至 2011 年的最低点 10.4%，变化率分别为 12.8 个百分点和 17.6 个百分点（见图 2-38）。因此，造成这一时期爱尔兰经常项目逆差的内在原因是投资率的变化。

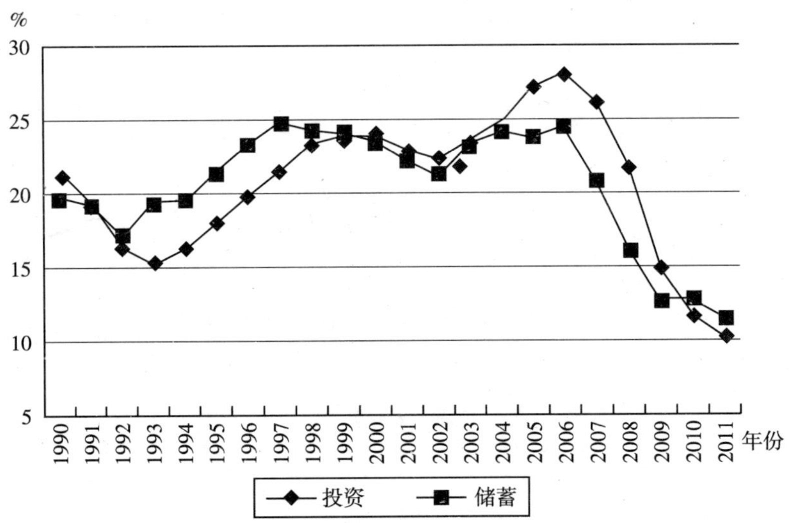

图 2-38　1990~2011 年爱尔兰投资与储蓄占 GDP 比重

数据来源：国际货币基金组织 WEO 数据库。

第六节　本章小结

首先，本章基于全球视角简要分析了 1970~2011 年全球经常项目状况，指出在这段时期内的两轮比较严重的失衡中，主要的经常项目逆差国都是美国，主要的经常项目顺差国则是亚太地区国家以及中东和北非国家。然后以 20 世纪 70 年代以来三次影响最大的金融危机为线索，分别分析了拉美发展中国家、亚洲地区发展中国家和 OECD 成员国的经常项目失衡状况，发现每次经常项目逆差的峰值都对应着金融危机的爆发。

其次，本章分别以墨西哥、泰国、马来西亚、菲律宾、印度尼西亚、美国、希腊、爱尔兰、葡萄牙、西班牙等历次金融危机中的典型国家为样本，从经常项目余额占 GDP 比重、进出口、储蓄率、投资率等角度对金融危机前的经常项目失衡状况进行了分析，勾勒了经常项目失衡与金融危机的基本轮廓。研究结果表明，从出口和进口的角度来看，墨西哥、泰国、菲律宾、美国、希腊、葡萄牙和西班牙经常项目逆差的直接原因是进口的大幅增加，马来西亚、印度尼西亚和爱尔兰经常项目逆差的直接原因是本国居民持有的外国资产带来的收入显著低于外国资本在本国所得到的利润和收入；从投资和储蓄的角度来看，墨西哥、希腊和葡萄牙经常项目逆差的内在原因来自于储蓄率的变化，泰国、马来西亚、菲律宾、西班牙和爱尔兰经常项目逆差的内在原因是投资率的上升，美国经常项目逆差的形成分为几个阶段，是投资率和储蓄率共同作用的结果，导致投资率持续高于储蓄率。

第三章　经常项目逆差引发金融危机的机理

综观20世纪70年代以来的金融危机，国际资本流动及其突然逆转是一个重要的推手，但真正引发金融危机的还是经济体系的恶化，而国际资本流动只是在一定程度上加速了金融危机的爆发，或者加剧了金融危机对经济金融体系的影响程度。从表面上来看，实际汇率相对于均衡汇率的偏离是引起国际资本流动的主要原因，但若深究实际汇率偏离均衡汇率的根本原因，无疑就是一国经济的内外失衡。经常项目的收支状况及其均衡与否是反映一国经济发展水平及其内外均衡状况的重要指标，是经济发展状况的直接体现。经常项目失衡会影响一国经济的内外失衡。为此，本章首先以均衡汇率理论为基础，运用跨时期分析方法，论述经常项目逆差引发金融危机的机理。然后，基于泰国的数据，考察财富效应与价格效应的关系，检验理论模型与现实是否契合。

第一节　经常项目逆差引发金融危机的理论分析

有关经常项目均衡的传统研究主要采用静态分析或者比较静态分析的方法，忽略了一国经济体不同均衡状态之间的动态调整过程，而跨时期分析方法的引入则有力地解决了这一问题。孙立坚（2005）基于跨时期分析思路，构建了一个包含商品市场、资本市场和劳动力市场的动态方程，分析了反映发展中国家内外均衡的调整。孙立坚（2005）认为影响一国经济内外均衡的主要因素是财富效应和价格效应的相对变化，但该研究没有对财富效应和价格效应的大小进行量化分析，也没有具体分析引发金融危机的路径。本书在孙立坚（2005）的基础上构建了包含商品市场、资本市场和劳动力市场的一般均衡动态模型，试图对财富效应和价格效应进行量化，并对模型进行相应的扩展，分析经常项目逆差引发发达国家和发展中国家金融危机的路径。

一、经常项目均衡的基本条件

1. 商品市场的均衡条件

假设商品市场由生产部门、消费部门和政府部门组成。在开放经济条件下，各个国家既要生产非贸易品供国内消费，又要生产贸易品与其他国家进行贸易。因此，本书对生产部门进行区分，将其分为贸易品生产部门和非贸易品生产部门两个部分。假设在生产过程中，贸易品生产部门主要使用本国资源，则贸易品生产部门满足以下条件：

$$P_H = EP_H^* \tag{3-1}$$

$$w = W/P_H \tag{3-2}$$

$$Y_H^S = f(w) \tag{3-3}$$

$$l_H^d = g(w) \tag{3-4}$$

其中，P_H 为贸易品的国内价格；P_H^* 为贸易品的国外价格；E 为名义汇率；w 为贸易品生产部门的实际工资，W 则为贸易品生产部门的名义工资；令 Y_H^S 为贸易品的供给，它是贸易品生产部门实际工资 w 的递减函数；l_H^d 为贸易品生产部门的劳动力需求，它也是实际工资 w 的递减函数。

假设非贸易品生产部门不但使用本国资源，还可以利用国外技术和设备，则非贸易品生产部门满足以下条件：

$$Y_N^S = f(w,\ k) \tag{3-5}$$

$$l_N^d = d(w) \tag{3-6}$$

$$P_N = W + (P_H/k) \tag{3-7}$$

其中，Y_N^S 为非贸易品的供给，它是实际工资 w 的递减函数和技术条件 k 的递增函数；l_N^d 为非贸易品生产部门的劳动力需求，它是实际工资 w 的递减函数；非贸易品的国内价格 P_N 是各种市场要素价格的和。

根据 Edwards（1994）的定义，实际汇率是贸易品价格与非贸易品价格之比，即：

$$e = P_H/P_N \tag{3-8}$$

结合（3-2）式、（3-7）式和（3-8）式可得：

$$w=\frac{P_N-(P_H/k)}{P_H}=\frac{1}{e}-\frac{1}{k} \tag{3-9}$$

假设消费包括贸易品消费和非贸易品消费，则消费满足以下条件：

$$C=q(y-t,\ A/P,\ r) \tag{3-10}$$

$$P=P_H^{\alpha}P_N^{1-\alpha} \tag{3-11}$$

$$C_H^d=\lambda PC/P_H=\lambda e^{-(1-\alpha)}C \tag{3-12}$$

$$C_N^d=(1-\lambda)PC/P_N=(1-\lambda)e^{\alpha}C \tag{3-13}$$

其中，C 为消费需求，它是可支配收入 y－t 和居民总财富实际值 A/P 的增函数、实际利率 r 的减函数；A 为居民总财富，由对外净资产 B 和货币余额 M 构成；P 为一般物价水平；α 为物价指数的权重；C_H^d 为贸易品的消费量；C_N^d 则表示非贸易品的消费量；λ 是一个比值，代表贸易品消费在总的消费中所占的比重。

假设实际利率为名义利率与通货膨胀率的差额：

$$r=i-\frac{\dot{P}}{P} \tag{3-14}$$

其中，r 为实际利率；i 为名义利率；$\dot{P}$ 为物价增幅，$\frac{\dot{P}}{P}$为通货膨胀率。

根据一价定律，名义汇率等于贸易品国内外价格之比：

$$E=\frac{P_H}{P_H^*}\rightarrow E=P_H \tag{3-15}$$

结合（3-8）式、（3-11）式和（3-15）式，（3-14）式可改写为：

$$r=i-\frac{\dot{P}}{P}=i-\alpha\frac{\dot{E}}{E}-(1-\alpha)\frac{\dot{P}_N}{P_N}=i-\frac{\dot{E}}{E}+(1-\alpha)\frac{\dot{e}}{e} \tag{3-16}$$

假设政府支出由国民收入 y 的一个固定比例 g 给定，为非贸易品方面的政府支出又在总政府支出中占一个固定比例 g_N，则有关非贸易品的政府支出为：

$$C_N^d=g_N\cdot g\cdot y \tag{3-17}$$

国内商品市场均衡条件为：

$$Y_N^S=Y_N^d=C_N^d+G_N^d=(1-\lambda)e^{\alpha}C+g_N\cdot g\cdot y \tag{3-18}$$

结合（3-3）式、（3-10）式和（3-18）式可得均衡的产出：

$$Y=Y_N+Y_H$$
$$=(1-\lambda)\,e^{\alpha}C+g_N\cdot g\cdot y+F(w)$$
$$=\eta\,(e,\ y-t,\ B+M/P,\ r) \tag{3-19}$$

2. 资本市场的均衡条件

一般来说，一国的货币供应量 M^s 由国内信贷 X 和外汇储备 B^* 构成：

$$M^s=X+EB^* \tag{3-20}$$

根据广义货币数量方程，货币需求 M^d 为：

$$M^d=KPy^{\theta}i^{-k} \tag{3-21}$$

其中，K、θ 和 k 为常数。

当货币供给等于货币需求时，货币市场达到均衡：

$$X+EB^*=KPy^{\theta}i^{-k} \tag{3-22}$$

在货币市场均衡的条件下，货币需求是固定的，国内信贷的增长将导致外汇储备减少，进而为金融危机的爆发埋下隐患。

3. 劳动力市场的均衡条件

为便于计算，将实际工资表示成以 e 为底数的函数，劳动力需求越大，则实际工资水平越高：

$$W/P=e^{\beta(l_H^d+l_N^d-l_0)} \tag{3-23}$$

其中，β 为工资的调整速度；l_0 为劳动力的均衡水平。劳动力供需变动和物价水平变动都会引起名义工资的变动。

二、经常项目均衡的动态调整机制

将（3-11）式代入（3-23）式，则：

$$W/P_H^{\alpha}P_N^{1-\alpha}=e^{\beta(l_H^d+l_N^d-l_0)} \tag{3-24}$$

对（3-24）式两边取对数可得：

$$\ln W-\ln P_H^{\alpha}-\ln P_N^{1-\alpha}=\beta(l_H^d+l_N^d-l_0) \tag{3-25}$$

由（3-4）式和（3-6）式可知 $l_H^d=g(w)$，$l_N^d=d(w)$。因此，对（3-25）式进行微分可得：

$$\dot{W}/W=\beta\ (\dot{l}_H^d+\dot{l}_N^d)+\alpha(\dot{P}_H/P_H)+(1-\alpha)\ (\dot{P}_N/P_N) \tag{3-26}$$

将（3-15）式分别代入（3-7）式和（3-8）式，则：

$$P_N = W + (E/k) \tag{3-27}$$

$$e = E/P_N \tag{3-28}$$

对（3-27）式两边进行微分，则：

$$\dot{P}_N = \dot{W} + (\dot{E}/k) \tag{3-29}$$

将（3-28）式代入（3-27）式可得：

$$W = P_N[(k-e)/k] \tag{3-30}$$

结合（3-29）式和（3-30）式可得：

$$\frac{\dot{W}}{W} = \left(\frac{k}{k-e}\right)\frac{\dot{P}_N}{P_N} - \left(\frac{e}{k-e}\right)\frac{\dot{E}}{E} \tag{3-31}$$

根据购买力平价理论：

$$\frac{\dot{e}}{e} = \frac{\dot{E}}{E} - \frac{\dot{P}_N}{P_N} \tag{3-32}$$

将（3-15）式和（3-32）式代入（3-26）式可得：

$$\frac{\dot{W}}{W} = \beta(\dot{i}_H^d + \dot{i}_N^d) + \alpha\frac{\dot{e}}{e} + \frac{\dot{P}_N}{P_N} \tag{3-33}$$

将（3-32）式代入（3-31）式可得：

$$\frac{\dot{W}}{W} = \frac{\dot{P}_N}{P_N} - \frac{\dot{e}}{e} \times \frac{e}{k-e} \tag{3-34}$$

结合（3-33）式和（3-34）式可得：

$$\frac{\dot{e}}{e} = -\frac{\beta(\dot{i}_H^d + \dot{i}_N^d)}{e/(k-e)+\alpha} \tag{3-35}$$

由于劳动力需求和产出正相关，因此结合（3-19）式和（3-35）式可得：

$$\frac{\dot{e}}{e} = -\frac{\beta}{e/(k-e)+\alpha} \times v(e,\ y-t,\ B+M/P,\ r) \tag{3-36}$$

其中，v 表示 l 是 Y 的增函数。

由（3-36）式可以看出，实际汇率的变动和国内宏观经济变量的变动是引起均衡汇率变动的主要原因。就实际汇率的变动而言，当（3-36）式右边的实际汇率出现贬值时，（3-36）式左边的实际汇率就需要向增值方向调整，才能保持经济的均衡。就国内宏观经济变量的变动而言，在（3-36）式右边，在居民总财富实际值增加的情况下，居民对非贸易品的需求也会相应地增加，其结果就是非贸易品价格的相对上升，主要是非贸易品价格与工资的比率上升。从劳动力市场均衡的角度来看，非贸易品价格与工资的比率上升对应的结果就是贸易品价格的相对下降，而价格的下跌必然引起贸易品供给的减少。从贸易品市场均衡的角度来看，在本国贸易品供给减少的情况下，相对于外国贸易品而言，本国贸易品的价格就会相对地有所上升（主要是相对价格的变化），其结果就是本国的贸易收支恶化，经常项目顺差较少或逆差扩大，对外净资产也相应地减少；此时，只有$\frac{\dot{e}}{e}$下降才能保持（3-36）式的均衡状态。因此，（3-36）式反映的是经济体内部的调整过程。为了简化后续的分析，我们将汇率变动率简化为（3-37）式。其中，$\frac{\dot{e}}{e}$与 e 和 B 负相关。

$$\frac{\dot{e}}{e}=\varphi(e,\ B) \tag{3-37}$$

为了便于计算，本书用线性方程的形式来表示实际汇率变动与实际汇率、对外净资产之间的关系：

$$\frac{\dot{e}}{e}=\chi-\gamma e_t-\phi B_t \tag{3-38}$$

其中，χ、γ 和 ϕ 均为常数系数；$\gamma>0$ 测度的是实际汇率变动对均衡汇率的影响；$\phi>0$ 测度的是对外净资产变动对均衡汇率的影响。（3-38）式可视为一国经济内部均衡的动态调整方程。

根据国民收支恒等式，经常项目差额为：

$$\dot{B}t=Y_H+iB-C_H-G_H \tag{3-39}$$

将（3-10）式和（3-12）式代入（3-38）式：

$$\dot{B}t=Y_H+iB-\lambda e^{-(1-\alpha)}C(y-t,\ A/P,\ r)-G_H \tag{3-40}$$

本书首先基于发达国家的状况建模，然后再扩展到发展中国家。对于发达国家而言，其经济规模相对较大，假定其利率可由国内市场均衡来决定。由（3-40）式可以看到，财富效应会引起进口增加，导致经常项目恶化，进而引起对外净资产和外汇储备减少。实际汇率贬值对经常项目的影响则难以判断，因为实际汇率贬值本身会使得本国贸易品的相对价格下降，进而引起出口的增加；与此同时，实际汇率贬值还有可能导致本国的贸易条件出现恶化，反而引起进口的增加。根据马歇尔—勒纳条件，实际汇率变动对经常项目的影响存在一定的滞后性。假设滞后 1 期，则（3–40）式可以简化为：

$$\dot{B}t=\psi(e_{t-1},\ B_t^*) \tag{3–41}$$

与（3–38）式同理，用线性方程表示（3–41）式，则：

$$\dot{B}t=\sigma+\theta e_{t-1}-\rho B_t^* \tag{3–42}$$

其中，σ、θ 和 ρ 均为常数系数；$\theta\neq0$ 测度的是实际汇率对经常项目的影响；$\rho>0$ 测度的是对外净资产变动对经常项目的影响。（3–42）式可视为一国经济外部均衡的动态调整方程。

在不考虑资本与金融账户的情况下，假设将所有外汇储备均用于对外投资，则对外净资产等于外汇储备，即 $B=B^*$。将（3–38）式和（3–42）式结合起来，就是一国经济内外均衡动态调整方程，可用于分析一国经常项目均衡的动态调整过程。

三、发达国家经常项目均衡的调整过程

下面，基于前文给定的发达国家经济规模相对较大，其利率可由国内市场均衡来决定的假定进行分析。

当一国经济达到内部均衡时，$\frac{\dot{e}}{e}=0$，即：

$$\chi-\gamma e_t-\phi B_t=0 \tag{3–43}$$

当一国经济达到外部均衡时，$\dot{B}=0$，即：

$$\sigma+\theta e_{t-1}-\rho B_t=0 \tag{3–44}$$

结合（3–43）式和（3–44）式可得：

$$e_t+\frac{\phi\theta}{\rho\gamma}e_{t-1}=\frac{\rho\chi-\phi\sigma}{\rho\gamma} \tag{3–45}$$

求解（3–45）式可得：

$$e_t=\left(e_0-\frac{\rho\chi-\phi\sigma}{\rho\gamma+\phi\theta}\right)\left(-\frac{\phi\theta}{\rho\gamma}\right)^t+\frac{\rho\chi-\phi\sigma}{\rho\gamma+\phi\theta} \tag{3–46}$$

其中，e_0 为初始的实际汇率水平。

Williamson（1983）提出的基本均衡汇率理论认为，均衡汇率是宏观经

济均衡时的实际有效汇率。由于（3–46）式中的 ρ、χ、ϕ、σ、γ、θ 均为常数，所以我们可将由这些变量测度的实际汇率水平 $\frac{\rho\chi-\phi\sigma}{\rho\gamma+\phi\theta}$ 视为均衡汇率。因此，（3–46）式的右边可分为两个部分，$\frac{\rho\chi-\phi\sigma}{\rho\gamma+\phi\theta}$ 表示均衡汇率，$\left(e_0-\frac{\rho\chi-\phi\sigma}{\rho\gamma+\phi\theta}\right)\left(-\frac{\phi\theta}{\rho\gamma}\right)^t$ 表示实际汇率对均衡汇率的偏差。在偏差部分中，$\left(e_0-\frac{\rho\chi-\phi\sigma}{\rho\gamma+\phi\theta}\right)$ 的大小决定了实际汇率初始的偏离程度，而它的符号决定了实际汇率的初始偏离是高估还是低估；$\left(-\frac{\phi\theta}{\rho\gamma}\right)^t$ 则决定了实际汇率的偏离是否会向均衡汇率收敛。本书主要分析币值高估的情况，即分析 $e_0>\frac{\rho\chi-\phi\sigma}{\rho\gamma+\phi\theta}$ 时汇率及经济均衡的调整，并假定币值高估是由国内市场供不应求、经常项目逆差引起的。与此同时，国内市场供不应求，会引起实际工资上升。币值低估的情况则正好与币值高估的情况相反，限于篇幅，本书不再阐述。

当 $-\frac{\phi\theta}{\rho\gamma}>1$ 时，$\theta<-\frac{\rho r}{\phi}<0$。从财富效应来看，实际工资上升会导致进口增加、出口减少，使得经常项目逆差进一步加大；从价格效应来看，由（3–9）式可知，实际工资上升会引起本币实际汇率的上升。$\theta<0$ 表明实际汇率贬值会导致经常项目收支的恶化，而实际汇率下降则有助于改善该国的经常项目。此时，$-\frac{\theta/\rho}{\gamma/\phi}>1$，表明外部均衡线比较陡峭，而内部均衡线则相对比较平缓，意味着财富效应的作用比价格效应的作用更大。此时，国内经济失衡将导致经常项目持续恶化，其结果就是外汇储备的减少或者使得资本和金融项目中的资本流入无法弥补经常项目逆差。随着时间的推移，经常项目将继续恶化，最终引致金融危机。

当 $0<-\frac{\phi\theta}{\rho\gamma}<1$ 时，$-\frac{\rho\gamma}{\phi}<\theta<0$。从财富效应来看，实际工资上升会导致进口增加、出口减少，经常项目逆差进一步加大；从价格效应来看，实际工资上升会引起本币实际汇率的上升。$\theta<0$ 表明实际汇率贬值会导致经常项目收支的恶化，而实际汇率下降则有助于改善该国的经常项目。此

时，$-\frac{\theta/\rho}{\gamma/\phi}<1$，表明外部均衡线比内部均衡线平缓，意味着价格效应的作用比财富效应的作用更大，其结果就是使得经常项目日趋改善，国内经济恢复内外均衡。

当$-1<-\frac{\phi\theta}{\rho\gamma}<0$时，$0<\theta<\frac{\rho\gamma}{\phi}$。从财富效应来看，实际工资上升会导致进口增加，经常项目逆差进一步加大；但随着经常项目的恶化，劳动力需求将趋于减少，实际工资开始降低，经常项目改善；而经常项目改善又会使劳动力需求增加……如此循环往复。从价格效应来看，实际工资上升会使得居民对非贸易品的需求增加，进而引起非贸易品价格相对工资比率的上升。基于劳动力市场均衡而言，与非贸易品价格相对工资比率的上升相对应的就是贸易品需求的减少，其价格相对工资的比率也会相应地有所降低。从贸易品市场均衡的角度来看，在本国贸易品供给减少的情况下，相对于外国贸易品而言，本国贸易品的价格就会相对地有所上升（这里主要是指相对价格的变化），其结果就是本国的贸易收支恶化。由（3-36）式可知，实际汇率贬值方能实现国内经济的动态平衡。$\theta>0$表明实际汇率贬值有助于改善该国的经常项目，而实际汇率下降则会导致经常项目收支的恶化。当国内市场供过于求、实际工资下降时，实际汇率升值，经常项目恶化……如此循环往复。此时，$-1<-\frac{\theta/\rho}{\gamma/\phi}$，表明外部均衡线比内部均衡线平缓，意味着价格效应的作用比财富效应的作用更大。在这种情况下，整个调整过程遵从价格效应在供不应求时先改善贸易收支、引起实际汇率贬值，继而当供过于求时导致经常项目恶化，使得实际汇率升值。在这个过程中，实际汇率会围绕均衡汇率波动，并随着时间的推移向均衡汇率靠近，同期的经常项目也会向均衡状态靠近。

当$-\frac{\phi\theta}{\rho\gamma}<-1$时，$\theta>\frac{\rho\gamma}{\phi}$。此时的调整过程与$-1<-\frac{\phi\theta}{\rho\gamma}<0$时类似，但由于$-\frac{\phi\theta}{\rho\gamma}<-1$，财富效应的作用比价格效应的作用更大，导致实际汇率逐渐偏离均衡汇率，国内经济失衡，外汇储备减少或者资本和金融项目中的资本流入无法弥补经常项目逆差，从而引致金融危机。

四、发展中国家经常项目均衡的调整过程

对于发展中国家而言，其经济规模相对较小，国内利率水平受到国际利率水平和投资者对本币预期的影响。

发展中国家的名义利率为：

$$i=i^*+\frac{E^e}{E}=i^*+\frac{\dot{E}}{E} \tag{3-47}$$

其中，i^* 为国际利率水平；E^e 为投资者对本币的预期。

结合（3-16）式，发展中国家的实际利率为：

$$r=i^*+(1-\alpha)\frac{\dot{e}}{e} \tag{3-48}$$

发展中国家，尤其是新兴市场经济体的投资收益率相对较高，吸引大量的国际资本流入，导致发展中国家的利率（包括名义利率和实际利率）降低，国内产出增加，劳动力市场供不应求，实际工资上升。在这种情况下，实际汇率必须向增值方向调整，以实现本国经济的内部均衡，其结果是导致国内经济在较低产出时实现均衡。与此同时，利率降低还有刺激消费的作用，进而引起消费和进口的增加，导致本国的经常项目进一步恶化。在财富效应的作用下，消费和进口都会有所减少，经常项目趋于均衡，其结果是外部经济均衡线将向下移动。下面，本书依然以国内市场供不应求、经常项目逆差、币值高估的情况为例，通过财富效应与价格效应的相对强弱，分析经常项目逆差是否会引致金融危机。

当$-\frac{\phi\theta}{\rho\gamma}>1$时，$\theta<-\frac{\rho\gamma}{\phi}<0$。在国际利率不变的情况下，实际利率降低意味着实际汇率升值。$\theta<0$ 表明实际汇率贬值会导致经常项目收支的恶化，而实际汇率下降则有助于改善该国的经常项目。$-\frac{\theta/\rho}{\gamma/\phi}>1$ 表明财富效应的作用比价格效应的作用更大，经常项目将继续恶化，实际汇率水平则会持续地高估，这就有可能引发国际资本流入的突然转向。在外汇储备不足的情况下，经常项目的持续恶化将导致该国受到更多国际游资的冲击，最终引发金融危机。

当 $0<-\frac{\phi\theta}{\rho\gamma}<1$ 时，$-\frac{\rho\gamma}{\phi}<\theta<0$。在国际利率不变的情况下，实际利率降低意味着实际汇率升值。$\theta<0$ 表明实际汇率贬值会导致经常项目收支的恶化，而实际汇率下降则有助于改善该国的经常项目。$-\frac{\theta/\rho}{\gamma/\phi}<1$ 表明价格效应的作用比财富效应的作用更大，使得经常项目日趋改善，国内经济恢复内外均衡。

当 $-1<-\frac{\phi\theta}{\rho\gamma}<0$ 时，$0<\theta<\frac{\rho\gamma}{\phi}$。在国际利率不变的情况下，实际利率降低意味着实际汇率升值。$\theta>0$ 表明实际汇率贬值有助于改善该国的经常项目，而实际汇率下降则会导致经常项目收支的恶化。$-1<-\frac{\theta/\rho}{\gamma/\phi}$ 表明价格效应的作用比财富效应的作用更大。在这个过程中，实际汇率会围绕均衡汇率波动，并随着时间的推移向均衡汇率靠近，同期的经常项目也会向均衡状态靠近，经济体系也会逐步实现内外均衡。

当 $-\frac{\phi\theta}{\rho\gamma}<-1$ 时，$\theta>\frac{\rho\gamma}{\phi}$。在国际利率不变的情况下，实际利率降低意味着实际汇率升值。$\theta>0$ 表明实际汇率贬值有助于改善该国的经常项目，而实际汇率下降则会导致经常项目收支的恶化。$-\frac{\phi\theta}{\rho\gamma}<-1$ 表明财富效应的作用比价格效应的作用更大，经济会在繁荣和萧条间交替循环并逐步偏离内外均衡。在这种情况下，汇率也将逐步偏离均衡，进而引发国际资本流入的突然转向，最终引发金融危机。

第二节　经常项目逆差引发金融危机的现实检验

上一节理论分析结果表明，不论是发达国家还是发展中国家，财富效应和价格效应的相对变化都是影响一国内外均衡的主要因素。不同点在于国际资本流动在引发发达国家和发展中国家金融危机中的作用不尽相同。为了验证上一节构建的理论模型，本节基于泰国的数据，考察财富效应与价格效应的关系，在检验理论模型与现实是否契合之余，探讨经常项目逆差如何引起汇率变动，进而引发金融危机的过程。

一、泰国贸易收支与泰铢实际汇率变动的实证分析

根据上一节构建的理论模型，发展中国家实际汇率对经常项目收支的影响、财富效应与价格效应的相对强弱等因素对经常项目失衡是否会引致金融危机起着决定性作用。为此，本节将泰国作为样本，以单位产出的经常项目差额（即经常项目差额与 GDP 的比，用 B 表示）作为因变量，以实际有效汇率指数（用 REER 表示）、总储蓄[①]（用 GDS 表示）、消费者价格指数（用 CPI 表示）、贸易条件指数（用 TTF 表示）作为自变量，对经常项目失衡与金融危机的关系进行实证检验。本节选取泰国 1975~1997 年的年度数据进行分析。其中，经常账户余额、GDP、总储蓄、消费者价格指数、贸易条件指数数据可直接从世界银行统计数据库中获取。

国际清算银行从 1994 年才开始公布泰国的实际有效汇率数据，现有数据终端无法查得 1975~1993 年泰铢的实际有效汇率数据。为此，本节采用 $REER=\sum_{i=1}^{n} W_i BRER_i \times 100$ 计算泰铢和印尼盾 1975~1993 年的实际有效汇率。其中，W_i 为 i 国的权重，$BRER_i$ 为用间接标价法表示的本币与 i 国的双边实际汇率。在计算泰铢的实际有效汇率时，本书选取泰国的前十大出口市场，即美国、中国大陆、日本、中国香港、澳大利亚、马来西亚、新加坡、越南、印度尼西亚和英国在泰国出口中的比重确定 W_i；选取同期泰铢与上述国家货币的双边实际汇率为 $BRER_i$，除对美元汇率外，泰铢对其他货币的汇率需通过泰铢对美元汇率和其他货币对美元汇率套算。其中，各个国家和地区在泰国出口中的比重数据来源于 Wind 数据终端，实际汇率数据来源于世界银行统计数据库。

在检验 B、REER、GDS、CPI、TTF 因素间是否具有长期稳定关系之前，需要先对各变量是否平稳进行检验；如果某个变量是不平稳的，需要分析经过几阶差分才能表现出平稳性。为避免单一方法可能存在的缺陷而

---

① 单位产出的经常项目差额、实际有效汇率指数、消费者价格指数和贸易条件指数都是相对数，而总储蓄是绝对数。为消除可能存在的异方差，我们对总储蓄取对数。

对检验结果带来负面影响，本节采用 ADF 检验和 PP 检验两种方法来检验上述变量的平稳性，检验结果如表 3-1 所示。

表 3-1 B、REER、GDS、CPI 与 TTF 的单位根检验结果

变量名称	差分阶数	ADF 统计量	PP 统计量
B	水平值	-2.772	-2.772
	一阶差分	-5.048***	-5.047***
REER	水平值	-0.973	-0.912
	一阶差分	-4.525***	-4.513***
GDS	水平值	-1.944	-1.732
	一阶差分	-3.858**	-4.048**
CPI	水平值	-2.718	-1.372
	一阶差分	-3.168*	-3.697**
TTF	水平值	-1.384	-2.209
	一阶差分	-6.733***	-12.327***

注：* 表示在 10%的显著性水平上拒绝存在单位根的原假设；** 表示在 5%的显著性水平上拒绝存在单位根的原假设；*** 表示在 1%的显著性水平上拒绝存在单位根的原假设。

表 3-1 显示的检验结果表明，ADF 检验和 PP 检验的结果是基本一致的。在检验 B、REER、GDS、CPI、TTF 变量的水平值是否平稳时，ADF 检验和 PP 检验的结果均一致地认为它们是不平稳的；在检验相关变量的一阶差分是否平稳时，ADF 检验和 PP 检验结果均表明 B、REER、TTF 的一阶差分在 1%的显著性水平上拒绝存在单位根的原假设，GDS 的一阶差分在 5%的显著性水平上拒绝存在单位根的原假设。在 CPI 一阶差分的单位根经验中，ADF 检验和 PP 检验的结果存在一定的差异，ADF 检验结果表明 CPI 的一阶差分在 10%的显著性水平上拒绝存在单位根的原假设，PP 检验结果表明 CPI 的一阶差分在 5%的显著性水平上拒绝存在单位根的原假设。虽然 ADF 检验和 PP 检验的结果存在微弱差异，但可以看出 B、REER、GDS、CPI、TTF 变量的一阶差分都是平稳的。因此，可以进一步检验这些变量之间是否存在协整关系。

由于该协整检验涉及多变量问题，本节采用 Johansen 协整检验进行分析，检验结果如表 3-2 所示。

表 3-2 显示的检验结果表明，在 5%的显著性水平下，迹统计量的值 73.970 大于临界值 47.856，拒绝没有协整关系的零假设；进一步的检验

表 3-2 B、REER、GDS、CPI 与 TTF 的 Johansen 协整检验结果

零假设	备择假设	特征值	迹统计量	5%临界值
r=0	r≥1	0.889	73.970	47.856
r≤1	r≥2	0.635	27.817	29.797

中，迹统计量的值 27.817 小于临界值 29.797，接受有一个协整关系的零假设。为此，B 与 REER、GDS、CPI、TTF 有且仅有一个协整关系，其相应的长期均衡关系为：

$$B=-0.102REER+5.582GDS-0.420CPI-0.304TTF \quad (3-49)$$

REER 的系数为负，表明在 1975~1997 年泰铢实际有效汇率与贸易收支负相关，泰铢贬值有助于改善泰国的贸易收支。

二、泰国经常项目逆差、实际汇率变动与金融危机关系的现实检验

在 B、REER、GDS、CPI 与 TTF 的长期均衡关系式中，REER 的系数为负意味着泰铢贬值有助于改善泰国的贸易收支，这体现在本章构建的理论模型里，就意味着 $\theta>0$。在这样的情况下，如果财富效应的作用比价格效应的作用更大，经济会在繁荣和萧条间交替循环并逐步偏离内外均衡，并引发金融危机。下面，继续使用泰国 1975~1997 年的数据，以泰铢均衡汇率（用 BEER 表示）作为泰国内外均衡的代理变量，以泰铢实际有效汇率指数（用 REER 表示）的变动作为价格效应的代理变量，以泰国单位产出的经常项目差额（用 B 表示）的变动作为财富效应的代理变量，利用 EViews6.0 具体分析财富效应和价格效应如何引发金融危机。

在数据选取方面，自变量实际有效汇率指数的测算方法与前文相同；自变量经常项目余额数据来源于世界银行统计数据库；因变量均衡汇率数据无法直接得出，需要通过相应的计算获得。因此，本节首先计算出1975~1997 年泰国的均衡汇率，然后才分析泰国财富效应与价格效应的关系。

1. 泰国均衡汇率的计算

均衡汇率是指一国处于内外均衡状态时的汇率水平。然而，现实经济运行的常态是不均衡的，内外均衡状态仅仅是一种理想状态，现实经济运行很难达到这一状态，也无法通过相关的价格指数直接计算出来。一般来

说，均衡汇率的计算需要以相应的均衡汇率理论为依据，然后收集反映一国经济是否达到内外均衡的基本经济变量，并通过相应的实证分析获得。Edwards（1989）充分考虑了发展中国家存在的外汇管制、贸易壁垒、多重汇率等现实情况，提出了适用于发展中国家的均衡汇率模型，这一模型成为后续有关发展中国家均衡汇率研究的基础，但该模型无法用于实证分析。Elbadawi（1994）进一步拓展了 Edwards（1989）的模型，其特点在于可用于实证研究。该模型认为，均衡汇率（用 BEER 表示）主要由贸易条件（用 TTF 表示）、开放度（用 OPEN 表示）、净资本流入（用 NFA 表示）和政府支出（用 T 表示）等因素决定。

为此，这里基于 Elbadawi（1994）构建的模型框架，以泰铢的名义汇率（用 E 表示）为被解释变量，以贸易条件、开放度、净资本流入和政府支出为解释变量，做 OLS 估计，得出汇率与各影响因素之间的关系表达式。其中，名义汇率、贸易条件、净资本流入和政府支出等数据均可直接从世界银行统计数据库中获取；开放度为进出口总额与 GDP 之比，出口总额与 GDP 的数据也来源于世界银行统计数据库。运用 EViews6.0 进行估计，汇率与各影响因素之间的关系表达式为[①]：

$$E = 14.37 - 0.24TTF + 0.35OPEN - 0.83NFA + 2.13T$$

$$(1.63)\quad(-2.07)\qquad(2.13)\qquad(-2.72)\quad(2.47) \qquad\qquad (3-50)$$

将 1975~1997 年泰国的贸易条件、净资本流入和政府支出等数据代入（3-50）式，计算得出的汇率就可以看作是均衡汇率 BEER。在此期间，泰国名义汇率和均衡汇率的变动趋势如图 3-1 所示，表明 1975~1985 年，泰国的名义汇率被低估；1986~1997 年，泰国的名义汇率被高估[②]。

2. 泰国财富效应与价格效应关系分析

对 BEER、REER 和 B 进行单位根检验，检验结果（见表 3-3）表明，ADF 检验和 PP 检验均一致地认为 BEER、REER、B 变量的水平值都是不平稳的，但 BEER 的一阶差分在 5%的显著性水平上拒绝存在单位根的原假设，REER 和 B 在 1%的显著性水平上拒绝存在单位根的原假设，表明 BEER、REER 和 B 的一阶差分都是平稳的，可以进一步检验这些变量之

① （3-50）式括号中为 t 值，除常数项外，其他因素都在 5%的显著性水平下通过检验。

② 本节采用的数据为用直接标价法表示的泰铢兑美元汇率，名义汇率曲线高于均衡汇率曲线，代表泰铢被低估；名义汇率曲线低于均衡汇率曲线，代表泰铢被高估。

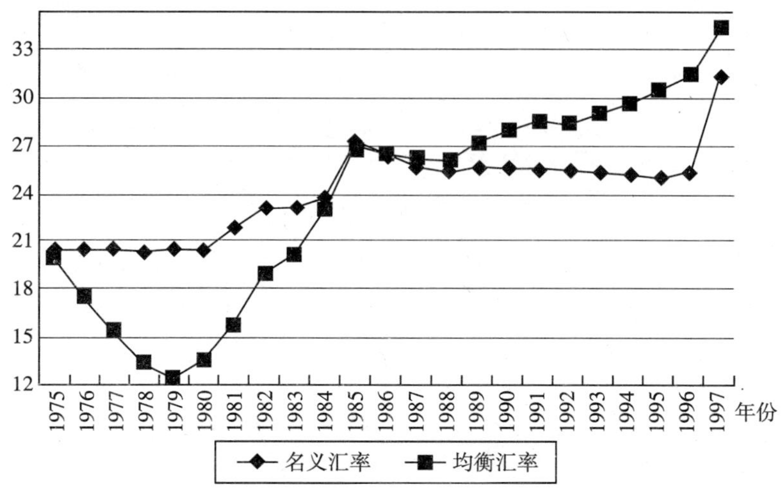

图 3-1　1975~1997 年泰铢名义汇率与均衡汇率变动趋势

数据来源：笔者根据世界银行统计数据库、BIS 统计数据计算所得。

表 3-3　BEER、REER 与 B 的单位根检验结果

变量名称	差分阶数	ADF 统计量	PP 统计量
BEER	水平值	1.513	1.552
	一阶差分	-2.008**	-2.680**
REER	水平值	-0.973	-0.912
	一阶差分	-4.525***	-4.513***
B	水平值	-2.772	-2.772
	一阶差分	-5.048***	-5.047***

注：* 表示在 10%的显著性水平上拒绝存在单位根的原假设；** 表示在 5%的显著性水平上拒绝存在单位根的原假设；*** 表示在 1%的显著性水平上拒绝存在单位根的原假设。

间是否存在协整关系。

该协整检验同样涉及多变量问题，这里继续采用 Johansen 协整检验进行分析。检验结果（见表 3-4）表明，在 5%的显著性水平下，迹统计量的值 66.462 大于临界值 29.797，拒绝没有协整关系的零假设；进一步的检验中，迹统计量的值 14.465 小于临界值 15.494，接受有一个协整关系的零假设。为此，BEER、REER 与 B 有且仅有一个协整关系，其相应的长期均衡关系为：

$$BEER = 0.172REER - 0.275B \tag{3-51}$$

由（3-51）式可以看出，体现财富效应的单位产出的经常项目差额变

表 3-4 BEER、REER 与 B 的 Johansen 协整检验结果

零假设	备择假设	特征值	迹统计量	5%临界值
r = 0	r≥1	0.916	66.462	29.797
r≤1	r≥2	0.498	14.465	15.494

动对均衡汇率变动的贡献率为-0.275，该系数为负同样表明在 1975~1997 年泰国的贸易收支与泰铢的名义汇率存在负相关关系。与此同时，体现价格效应的泰铢实际有效汇率变动对泰铢均衡汇率变动的贡献率为 0.172，小于单位产出的经常项目差额变动对均衡汇率变动的贡献率，意味着在 1975~1997 年泰国财富效应的作用比价格效应的作用更大。这体现在上一节的理论模型中，就是外部均衡线比内部均衡线陡峭，即$-\frac{\phi\theta}{\rho\gamma}<-1$。上一节构建的理论表明，在 $\theta>0$、$-\frac{\phi\theta}{\rho\gamma}<-1$ 时，本币贬值有助于改善泰国的经常项目，财富效应的作用比价格效应的作用更大。在这样的情况下，经济会在繁荣和萧条间交替循环并逐步偏离内外均衡，汇率也将逐步偏离其均衡水平，进而引发国际资本流入的突然转向，或者受到国际投资性资本的冲击，最终引发金融危机。

3. 泰国经常项目逆差与金融危机关系的现实考察

为了验证上述分析是否与泰国 1975~1997 年的现实经济状况吻合，本节基于泰国的实际经济运行状况，将泰铢汇率与财富效应、价格效应结合起来进行考察。泰铢失调曲线[①]（见图 3-2）同样表明，1975~1985 年，泰国的名义汇率被低估；1986~1997 年，泰国的名义汇率被高估。为此，本节将 1975~1997 年的泰国经济分为 1975~1985 年和 1986~1997 年两个阶段进行分析。

1975~1985 年，泰铢被低估阶段。这段时期，泰国 GDP 的增长速度保持在 5% 左右，远远低于 20 世纪 70 年代初的水平[②]。从财富效应来看，经济增速放缓导致泰国国内的劳动力需求减少，商品市场出现供过于求的状况，引起实际工资降低，财富效应的作用使得进口减少、出口增加，进而引起经常项目的改善。从价格效应来看，商品市场出现供过于求的状

① 用泰铢兑美元的名义汇率减去均衡汇率，失调程度大于 0，代表泰铢被低估；失调程度小于 0，代表泰铢被高估。

② 世界银行统计数据库，www.worldbank.org。

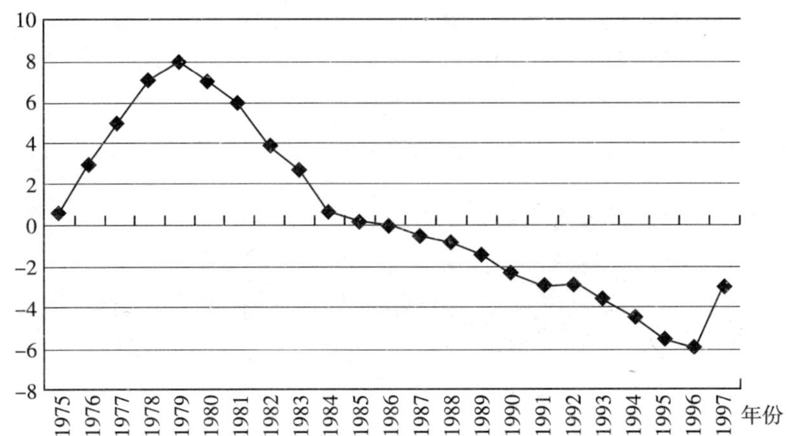

图 3-2　1975~1997 年泰铢汇率失调程度

数据来源：笔者根据世界银行统计数据库、BIS 统计数据计算所得。

况，使得实际工资降低，引起实际汇率向升值方向调整，其结果是使得进口增加、出口减少，进而导致经常项目恶化。在这段时期，财富效应的作用比价格效应的作用更大，两者相互作用的结果是泰国的经常项目改善，泰铢的均衡汇率向上运动，而名义汇率的持续贬值导致泰铢出现低估。

1986~1997 年，泰铢被高估阶段。这段时期，泰国 GDP 以每年超过 8%的速度增长，成为令世界瞩目的“四小虎”之一，被视为亚洲奇迹[①]。从财富效应来看，泰国经济高速增长，国内投资力度加大，使得国内商品市场出现供不应求的状况，推动实际工资上升，财富效应的作用使得进口增加、出口减少，进而引起经常项目的恶化。从价格效应来看，实际工资上升使得泰国居民对非贸易品的需求有所增加，进而导致非贸易品价格相对工资比率的上升。从劳动力市场均衡来看，非贸易品价格相对工资比率的上升必然引起贸易品价格相对工资比率的下降。从贸易品市场均衡来看，国内商品市场的供给下降必然导致需求下降，进而引起泰国贸易品价格相对于外国贸易品价格的上升，进而导致贸易条件恶化。从价格效应的动态均衡机制来看，需要泰铢实际汇率向贬值方向调整[②]，其结果是使得

① 世界银行统计数据库，www.worldbank.org。

② 1984 年，泰国政府宣布实行钉住“一揽子”货币的汇率制度，实际上是钉住美元制度。1984~1995 年，由于美元对主要货币持续贬值，泰铢实际有效汇率大幅下降。

出口增加、进口减少，进而导致经常项目改善。在这段时期，财富效应的作用比价格效应的作用更大，两者相互作用的结果是泰国的经常项目恶化，泰铢的均衡汇率向下运动，而名义汇率的持续升值导致泰铢出现高估。

根据本章构建的理论模型，如果其他条件不发生变化，泰国经济会在繁荣和萧条间交替循环并逐步偏离内外均衡。但是，在没有外力作用的情况下，这种状态会持续一段时间，不会过快地引致金融危机。然而，20世纪90年代，泰国过快地开放本国经济，吸引了大量的国际资本进入。1991年上台的军人政权为了获得国际社会的支持，大力推动国内市场的开放，而继任的民主党派也继续推行开放政策，多次下调资本品进口的关税，还在资本流入方面取消了对外商直接投资、证券投资、借贷资本流入等的限制，在资本流出方面则取消了对资本抽回、利润汇出和外债还本付息等的限制。1994年，泰国的资本项目基本开放，为国际资本出入提供了良好的政策环境。1995年，美元出现持续、大幅度的升值，泰铢名义汇率也相应地不断走强，导致泰铢出现明显的高估，经常项目持续恶化，泰铢面临巨大的贬值压力。在泰铢明显高估的情况下，泰国中央银行为了维持钉住制度，大幅干预外汇市场，这为国际投机资本提供了可乘之机，而国际资本突然大量逆转流出的冲击，最终加速了泰国金融危机的爆发。

第三节　本章小结

首先，本章在孙立坚（2005）的基础上，构建了包含商品市场、资本市场和劳动力市场的一般均衡动态模型，对财富效应和价格效应进行了量化，分别分析了经常项目逆差引致发达国家金融危机的路径和经常项目逆差引致发展中国家金融危机的路径。理论分析结果表明，不论是发达国家还是发展中国家，财富效应和价格效应的相对变化都是影响一国内外均衡的主要因素。不同点在于，发达国家的金融危机的根本原因在于国内经济失衡；而发展中国家的金融危机的根本原因虽然也在于国内经济失衡，但相应的汇率失衡引致的国际资本流动冲击才是金融危机的直接原因。对于发达国家而言，国际资本流动在其金融危机演化过程中的作用并不明显；而对于发展中国家来说，国际资本流动在引发和加速金融危机的过程中发挥着不可或缺的作用。

其次，本章以泰国为样本，基于 1975~1997 年的数据，利用单位根检验和协整分析比较了经常项目逆差的财富效应与价格效应。实证研究结果表明，泰铢实际有效汇率与贸易收支负相关，泰铢贬值有助于改善泰国的贸易收支，而且泰国财富效应的作用比价格效应的作用更大。这种状况与理论模型中 $\theta>0$、$-\frac{\phi\theta}{\rho\gamma}<-1$ 的情况一致，表明经济会在繁荣和萧条间交替循环并逐步偏离内外均衡，汇率也将逐步偏离其均衡水平，进而引发国际资本流入的突然转向，最终引发金融危机。

第四章　经常项目逆差与金融危机

第三章的研究表明，在经常项目逆差引发金融危机的路径方面，发展中国家与发达国家存在一定的差异。本章以墨西哥、泰国、印度尼西亚、马来西亚和菲律宾为发展中国家的代表，以美国、西班牙、希腊为发达国家的代表，分析经常项目逆差与金融危机之间的关系，探讨经常项目逆差引发金融危机的路径在发达国家和发展中国家有何不同。

第一节　发展中国家的经常项目逆差与金融危机

一、墨西哥经常项目逆差与 1994 年墨西哥金融危机

1. 墨西哥经常项目逆差引致金融危机的概况

20 世纪 80 年代中期开始，墨西哥政府为促进经济发展，进行了贸易自由化、开放资本账户等一系列的重大改革。从 1985 年 8 月到 1990 年 12 月，需许可证进口的产品额占进口总额的比重从 92%降至 18%，平均关税税率由 24%降至 12%。1992 年底，墨西哥还与美国和加拿大签订了于 1994 年初生效的《北美自由贸易协定》(NAFTA)，进一步开放了国内市场。在墨西哥比索高定值的固定汇率制下，该政策导致资本品和原料的进口激增，并且由于盲目追求美国消费模式，墨西哥的消费品和奢侈品进口也迅速增加，导致经常项目逆差逐年扩大。自 1989 年开始，墨西哥贸易逆差开始扩大，1990~1994 年出口额只增长 49.5%，而进口额增长了 90.8%；1994 年经常项目逆差高达 296.6 亿美元，截至 1994 年末，经常项

目逆差占 GDP 的比例突破 7%[①]，超过国际货币基金组织的警戒线[②]。1989~1994 年的六年间，墨西哥的经常项目逆差持续扩大，而墨西哥当局认为经常项目逆差是墨西哥投资环境改善带来的正常现象，并未采取有效行动，最终引发了 1994 年的金融危机。这场金融危机的爆发虽然是由市场参加者突然发动投机攻击引起，对墨西哥金融体系造成了巨大冲击，但究其根本在于长期的经常项目逆差破坏了墨西哥的经济基本面，削弱了抵御外部冲击的能力。

2. 墨西哥经常项目逆差引发金融危机的原因

（1）经常项目持续逆差导致经济增长缓慢。由于采取了一系列改革措施，墨西哥在一段时间内似乎成为了改革开放的模范国家。的确，墨西哥在一段时间内通货膨胀率得到了较好的控制，政府财政状况也有很大好转，但被人忽视的是墨西哥令人失望的经济增长率。1988~1994 年，墨西哥的平均实际增长率仅为 2.8%，与智利的 8.1% 和哥伦比亚的 4.1% 相差甚远。作为 GDP 的重要组成部分，经常项目的巨大逆差是墨西哥增长乏力的主要原因。生产率的停滞不前和不断上升的实际有效汇率造成了墨西哥不断扩大的经常项目逆差，投资率基本没有太大的变动，消费成为拉动墨西哥经济的主要动力，这样的发展模式显然是不可持续的。

（2）经常项目持续逆差的外债弥补途径的不稳定性。墨西哥经常项目逆差持续居高不下意味着其对外债务的不断累积，从国际收支平衡的角度来看，持续的巨额经常项目逆差只能通过资本和金融项目来平衡，也就是需要国外资金流入来弥补。1988 年以来，墨西哥成为拉美地区吸引外资最多的国家。1990~1994 年，墨西哥共吸收外资 950 多亿美元。虽然受到《北美自由贸易协议》的影响，1994 年流入墨西哥的外商直接投资大幅上升，高达 80 亿美元，但总的来说，直接投资并不是外国资金流入墨西哥的主要形式。1990~1994 年流入墨西哥的直接投资总额为 240 亿美元，仅为总资本流入的 1/4。随着墨西哥金融市场的开放和国有企业私有化上市，证券投资成为墨西哥吸引外资的主要方式，1993 年证券投资占当年吸收

① 若无特殊说明，本章数据均来源于世界银行统计数据库（www.worldbank.org）和国际货币基金组织 IFS 数据库。

② IMF 为预警经常账户失衡设计了一套预警体制，其中一项重要指标就是经常账户赤字占 GDP 的比重。根据对历次危机的统计检验，IMF 认为当该比例超过 5%，并且经常账户赤字是由不稳定的资本流入维持时，该国应当对此引起足够重视。

外资的比重上升至76.8%。其中1990~1994年流入墨西哥股市的资本总额为280亿美元，外国投资者从国内股市的突然撤离对外汇储备造成压力，但其主要影响还是集中在墨西哥股市上。造成墨西哥金融危机爆发的主要资本流入形式是债券资本流入，尤其是政府债券。1990~1994年，墨西哥的债券资本流入高达430亿美元，而且其中大部分都是期限在1~3月的短期政府债券。造成债券资本流入大幅上升的主要原因之一是美国的低利率。举例来说，1992年第二季度墨西哥三个月期国债回报率为13.27%，相似期限的美国国债的回报率仅为3.73%，而在墨西哥汇率制度下一年中墨西哥比索的贬值幅度不会超过2.3%，因此大量套利资本迅速涌入墨西哥。巨额的短期债务使墨西哥经济面临巨大危机，一旦国内经济形势和国际金融市场发生变动，外来资本很可能会立即抽离，迅速耗干当局的外汇储备，导致墨西哥经济的崩溃。1994年初墨西哥南部发生动乱，3月执政党的总统候选人又被暗杀，引发了金融市场对墨西哥政局稳定性的担忧，比索面临巨大的贬值压力，1994年2~4月墨西哥消耗了高达110亿美元的外汇储备。同时，1994年美联储出于对通胀压力的担忧数次提升基准利率，也加大了墨西哥通过发行债券弥补经常项目逆差的难度。而此时墨西哥当局的错误决策更是进一步加大了墨西哥面临的债务压力。在1993年底墨西哥政府的债务大部分还是以比索计价的被称为Cetes的短期政府债券，为了增加政府债券对外国投资者的吸引力，墨西哥政府开始发行以美元计价的被称为Tesobonos的短期政府债券。以美元计价的Tesobonos没有汇率风险，显然更受投资者们的青睐，很快墨西哥政府就将其大部分债务转换成了Tesobonos。1993年12月Cetes占外国投资者持有的墨西哥政府债券的75%，到了1994年11月外国投资者持有的墨西哥政府债券中Cetes仅占25%，而Tesobonos的比例超过70%。墨西哥政府的这一措施虽然在短期内降低了融资成本，但是也使墨西哥的外债形势面临更大的潜在风险。原本墨西哥的外债主要是以比索计价的短期政府外债，而此时墨西哥的债务不但期限短，而且还存在严重的货币错配情况，即使墨西哥比索最终大幅贬值，也无法减轻墨西哥政府的债务负担，在没有外来援助的情况下，墨西哥政府债务违约几乎是难以避免的。

（3）经常项目持续逆差带来汇率贬值压力，产生投机机会。1988~1994年墨西哥的汇率制度经历过几次调整。1988年墨西哥采取的是钉住美元的固定汇率制，从1989年开始实行爬行钉住汇率制，即货币当局经常按一定时间间隔以事先宣布的百分比对汇率平价做小幅度的调整，一开始调整幅度被定在每日 1 比索（相当于 16%的年贬值幅度），1990 年调整幅度缩小到了每日 0.8 比索（相当于 11%的年贬值幅度），1991 年调整幅度又再次被缩小到了 0.4 比索（相当于 5%的年贬值幅度）。1991 年 11 月墨西哥对其汇率制度做出了调整，即将比索对美元的汇率固定在一个较小的区间内，并通过每天对区间上限做出细微调整来达到汇率贬值的目的。

1982 年墨西哥金融危机爆发前其巨额经常项目逆差就曾引发外界对比索高估的关注，当时造成墨西哥汇率被高估的原因是政府部门的过度赤字，1986 年墨西哥的经常项目再次恶化，原因是其主要出口品原油价格暴跌导致墨西哥汇率被高估。在 20 世纪 90 年代初经常项目逆差再一次不断扩大时，墨西哥比索再一次面临着贬值的压力。而此时上面提到的两种情况都不存在，原油价格并没有发生大幅变化，1992 年和 1993 年的政府赤字也仅为 GDP 的 0.1%左右。此轮比索被高估的主要原因在于墨西哥政府与企业和工会签订的被称为 pacto 的协议。根据 pacto 协议，企业和工会将限制产品价格和工资的涨幅，而政府则会将货币贬值的幅度控制在通胀率之下。在这一政策下，墨西哥的通胀的确有所下降，但其下降幅度并不够大，造成了实际汇率的持续上升和经常项目逆差的不断扩大。许多学者都提出墨西哥的汇率存在高估，根据多恩布什等学者的估计，比索至少需要贬值 20%才能使其经常项目回到均衡状态。

随着维持本币高定值的成本剧增，固定汇率制度难以维系。在 1994 年初一系列的不可控因素已经使得墨西哥消耗了大量外汇储备，之后外汇储备持续下降，由 1993 年末的 251.1 亿美元的峰值骤降至 1994 年末的 62.8 亿美元，严重影响了墨西哥中央银行直接干预外汇市场的能力。可是这并没有成功缓解比索面临的贬值压力，很快比索汇率又上升到了法定汇率调整区间的上限。历史经验证明，此时提升利率不但不一定能遏止比索的贬值趋势，还会令本来就增长乏力的墨西哥经济雪上加霜。在这一背景下，墨西哥当局于 1994 年 12 月 20 日宣布汇率调整区间的上限调整为每美元 4 比索（相当于贬值 15%），但是仅两天内 50 亿美元逃离了墨西哥，比索很快又达到了贬值上限。此时墨西哥政府的储备已所剩无几，市场放出的明确信号是新的汇率调整区间也是难以维持的。比索贬值的预期引发的投机性冲击及其引发的“羊群效应”迫使墨西哥在 12 月 22 日宣布中央银行将不再干预外汇市场，转为浮动汇率制度。当天，比索兑美元汇率跌

至5.75，当日贬值20%，一周之内比索累计贬值60%，“龙舌兰”危机就此爆发。

由此可见，墨西哥金融危机的发生与深化过程中，经常项目起到了重要的联结和传导作用。经常项目一方面直接反映墨西哥实体经济的发展情况，另一方面也因其产生的资金流向导致了墨西哥对外负债的增长，对固定汇率制度形成巨大的压力。一旦这种不可持续的经常项目逆差与过高估值的固定汇率制度的矛盾为国际投机者所攻击，固定汇率制度将无法维持，这就造成了墨西哥金融危机，并对实体经济产生了进一步的冲击。

二、泰国经常项目逆差与金融危机

1. 泰国经常项目逆差引致金融危机的概况

20世纪80年代以来，泰国实施了出口导向发展战略，将工业集中在劳动力密集型产业上，泰国经济保持了年均增长率8%以上的高速增长。随着出口导向型经济的发展，泰国对外贸易依存度已由1986年的42%上升到1996年的85%，成为高度依赖进出口的国家。1994年以前，泰国出口的劳动密集型产品在国际市场中的竞争力较强，为泰国赢得了大量的外汇收入。1994年，中国实行结售汇制度，一次性将人民币贬值近1/3，同时越南也开始出口劳动密集型产品，成为泰国出口产品的强劲对手。在泰国劳动力工资大幅增长、本币高估以及国际市场环境恶化的情况下，泰国的国际竞争力下降，经常项目开始出现逆差，1996年经常项目逆差高达GDP的8%。经常项目逆差造成了债务的累积和对外国资金的依赖，也给泰国的固定汇率制度带来了巨大压力，与危机的产生有着密不可分的关系。

2. 泰国经常项目逆差引发金融危机的原因

（1）经常项目持续逆差的外债弥补途径的不合理性。巨额经常项目逆差只能通过出售资产或是向国外借债的方式来填平。在一段时期内，泰国成功吸引了足够的外资来弥补经常项目逆差带来的债务。1990~1995年泰国的资本净流入增长了126%，达到219亿美元。大量外资涌入泰国的主要原因有两个：一是泰国与墨西哥一样都进行了金融自由化改革，不但解除了经常账户下的外汇管制，还逐渐开放了资本账户；二是美国、日本和欧洲等发达国家和地区的低利率增强了泰国在投资者眼中的吸引力，美元和泰铢间的利差一度高达6%，吸引了大量套利资本。

但是，对于泰国等新兴市场国家来说，经常项目逆差造成的对外来资本的依赖是非常危险的，国内经济形势或是国际金融市场的变动都可能造成外来资本迅速抽离，造成金融动荡，而当债务结构不合理时更是如此。从资本流入的构成来看，直接投资占比很小，1995 年直接投资仅占总资本净流入的 5%。与墨西哥不同的是，泰国的股票市场尤其是债券市场规模较小，因此股票和债券资本流入的占比只有 19%，而以银行贷款形式流入泰国的资本占 51%，也就是说大部分的外国资本不是通过政府而是通过银行体系进入了泰国。与墨西哥相似，泰国的大部分债务也存在期限错配和货币错配的特点。1996 年泰国金融机构的债务高达 419 亿美元，其中 69%是短期债务，而且大部分是以美元计价的。双重错配意味着泰国的命运完全取决于变化无常的国际资本流动，令泰国金融体系面临巨大的潜在风险。

（2）流动性过剩造成的信贷扩张和投机泡沫。大量的外资涌入导致泰国银行体系流动性充裕，而泰国的金融监管却没有发挥应有的作用，银行信贷就像脱缰野马般迅速扩张，1996 年金融机构的私人部门贷款占 GDP 的 137.4%，几乎是 1990 年的两倍。而更令人担忧的是大部分的资金都没有流入实体经济，近 80%的外资流入了股市和房地产业，造成了泰国经济的高杠杆化和泡沫化。1990~1994 年，泰国股指上升了 95%，房地产类股票价格更是飙升了 285%。1991~1997 年，地价指数上涨了 63%。泡沫经济使得金融系统的脆弱性与日俱增，泰国银行资产的 30%~40%都被投向了房地产业，大量贷款都是以房地产作为抵押的，一旦房地产泡沫破裂，抵押资产价格的下降就将造成大量不良贷款。但是，泡沫经济带来的虚假繁荣掩盖了经济结构失衡，虽然出口部门持续不景气，经常项目逆差进一步扩大，但泰国经济基本面的持续恶化并没有及时受到重视。

（3）经常项目持续逆差令固定汇率制难以维持。第二次世界大战后，泰国实行固定汇率制度。泰铢先后钉住黄金、某一种主要货币和“一揽子”货币。在泰铢钉住“一揽子”货币阶段（1984 年 11 月到 1997 年 6 月），泰铢与美元软挂钩，泰铢兑美元的汇率一直稳定在 25：1 的水平。自 1987 年来，泰国一直是经常项目逆差国。经常项目逆差的不断恶化带来了巨大的贬值压力，1994 年墨西哥危机爆发时外界就曾担心同样面临巨大经常项目逆差的泰国也会陷入货币危机。维持固定汇率制使得泰国失去了调整经常项目失衡的机会，1995~1996 年人民币的大幅贬值以及日元贬值造成的泰铢对日元的汇率上升给泰国的出口带来了严重的冲击，经常项目占 GDP 之比一下子从 5%上升到了 8%，泰铢面临巨大贬值压力。国内外投机者借此机会对泰铢进行了多轮攻击，泰国政府为了维持固定汇率制，只能被动抛出美元，购回泰铢以保持币值稳定，但持续的经常项目逆差导致泰国无法有效累积外汇储备，外汇储备剧烈下降。1996 年泰国的外汇储备还有 380 亿美元，1997 年 6 月底仅剩下 28 亿美元。此时泰国的经济泡沫也开始破裂，投资者开始意识到泰国经济基本面存在的重大隐患，外资开始撤离。随着泰国外汇储备的耗竭，1997 年 7 月 2 日，泰国财政部和国家银行宣布，泰铢实行浮动汇率制，当天泰铢汇率最低曾达到 1 美元兑 32.6 泰铢，贬值幅度高达 30%以上，引发了泰国金融危机，并且加快了累积在银行体系的风险的爆发，对泰国实体经济造成了巨大冲击。

由此可见，在泰国金融危机的发生与深化过程中，经常项目是重要的前因并起到了传导作用。泰国在实施出口替代发展战略中并未处理好进出口部门之间的关系，固定汇率制度下泰铢的高估加上国际市场竞争加剧使经常项目出现逆差并且持续扩大，泰国经常项目快速恶化，导致外债的不断累积。而从国际收支的视角来看，泰国经常项目逆差是以资本大量流入非生产性部门的方式来弥补的，这些资金的流入导致泰国银行体系流动性过剩，带动了房地产市场和股票市场的繁荣，造成了泡沫经济增长。经常项目逆差和短期化的对外负债导致泰铢贬值压力迅速加大，因经常项目逆差引起的外汇储备不足使得中央银行没有充足的资源干预外汇市场，从而导致在国际投机者对泰铢进行投机冲击时未能进行有效防御，导致固定汇率制度崩溃，泰铢大幅贬值，引发了金融危机，并进而演变为波及周边多国的东南亚金融危机。

三、马来西亚经常项目逆差与金融危机

1. 马来西亚经常项目逆差引致金融危机的概况

受泰国金融危机的影响，马来西亚从 1997 年 7 月开始受到外部冲击，大量资本外逃，但是由于外债规模和经常项目逆差较小，马来西亚主要的危机表现是汇市和股市大幅下跌，1997 年 12 月林吉特对美元的汇率跌至 1∶3.89，较 7 月 14 日贬值了 34%。与泰国等国家不同，马来西亚并没有接受国际货币基金组织的援助，而是采用了固定汇率和资本管制的手段来解决“不可能三角”的难题，收到了较好的效果。

2. 马来西亚经常项目逆差引发金融危机的原因

（1）持续的经常项目逆差导致外债的累积。与其他东南亚金融危机国家一样，马来西亚持续的经常项目逆差不可避免地具有对外来资金的依赖。马来西亚的对外负债随着经常项目逆差的不断恶化直线上升，净对外负债头寸在 1990~1996 年从 18.1%上升到了 55.4%。与泰国等国家不同的是，马来西亚的经常项目逆差主要由外国直接投资填平。在某些年份（如 1993 年和 1996 年），直接投资甚至可以完全填平经常项目逆差。直接投资与证券投资等其他形式的投机资本流入相比具有显著的优越性，由于直接投资一般用于购置厂房和设备等固定资产，稳定性很高，在金融危机时期不会发生突然撤离的情况。因此，马来西亚的债务违约风险是低于泰国等其他国家的。但是外商直接投资比重过高也存在问题，从第二章对马来西亚经常项目逆差情况的分析可以看出，外国直接投资带来的利润汇出本身就是造成马来西亚经常项目逆差的重要原因。外商直接投资通常要求更高的投资回报率[①]，以投资收益、专利费等形式的外汇汇出，从而对马来西亚经常项目产生赤字压力。数据显示，如果不存在外商直接投资以及由其引起的贸易项目逆差和收入项目逆差，除 1991 年以外，马来西亚国际收支平衡表中的经常项目应该是盈余的。以 1996 年为例，与外商直接投资有关的经常项目逆差为 115 亿美元，其他项目则盈余 69 亿美元；而同期资本项目流入的外商直接投资只有 51 亿美元，还不足以弥补外商直接投资利润汇出带来的负效应。

（2）持续经常项目逆差带来贬值压力。持续的经常项目逆差通常意味着一个国家的货币被高估。实际上，投机者对东南亚国家发动攻击的根本原因就在于这些国家的货币或多或少地与美元软挂钩，虽然一开始外国资本的涌入可以抵消贸易逆差，但经常项目的持续逆差意味着经常项目和资本项目的不平衡已将难以为继。另外，持续的经常项目逆差让马来西亚无法积累足够的外汇储备，而外汇储备是应对投机攻击必不可少的武器。虽然马来西亚在消耗了 12%的外汇储备后就决定放弃干预，让林吉特自由浮动，但当时马来西亚仅 200 亿美元左右的外汇储备显然是不足以捍卫林吉特的。1997 年后，东南亚国家普遍积累了大量外汇储备，也正是因为吸

① 根据世界银行的估算，20 世纪 90 年代发展中国家外商直接投资的年均收益率为 16%~18%，而在非洲的撒哈拉沙漠贫穷国家外商直接投资的年均收益率则高达 24%~30%。

取了亚洲金融危机的教训。

由此可见，虽然马来西亚经常项目持续逆差造成了外债的累积和货币贬值的压力，引来了投机者的攻击，但是由于马来西亚的外资流入期限结构较为合理，短期负债较少，而且流向虚拟经济部门的外资也不多，使得马来西亚在面临泰国金融危机的冲击时受到的影响相对较小。从马来西亚的经验中可以看出，经常项目逆差的确与金融危机的产生有着密不可分的关系，但不同国家经常项目逆差的具体情况的不同也意味着它们发生金融危机的可能性或是在金融危机中所受的影响不同。在第五章将对这一问题做更深入的讨论。

四、菲律宾经常项目逆差与金融危机

1. 菲律宾经常项目逆差引致金融危机的概况

受东南亚金融危机影响，菲律宾比索面临巨大的贬值压力，由于菲律宾当局没有足够的外汇储备，只有任比索自由浮动。1997 年比索对美元的平均汇率跌至 29.5：1，比 1996 年贬值了 12.6%；1998 年的比索汇率进一步跌至 40.9：1，比 1997 年贬值了 38.6%。股票市场也出现暴跌，1997 年 2 月，菲律宾股票交易综合指数曾一度达到 3447 点的最高纪录，危机爆发之后，股市下挫，1997 年 7 月，菲律宾股票交易综合指数降至 1608 点，9 月一度跌至 1092 点，股价平均下跌了 61.8%。菲律宾政府不得不向国际货币基金组织申请援助，并在国际货币基金组织的帮助下比较成功地阻止了危机的进一步深化，最终没有发生系统性危机。

2. 菲律宾经常项目逆差引发金融危机的原因

（1）经常项目持续逆差导致对外资的依赖。菲律宾经常项目逆差持续居高不下意味着对外债务的不断累积，从国际收支平衡的角度来看，持续的巨额经常项目逆差只能通过相应的资本流入来弥补。1993 年以前菲律宾的经常项目逆差主要由政府部门的借款来填平，1993 年后情况开始变化，直接投资开始上升，但随后一直保持在 15 亿美元左右的水平。增长更为迅猛的是证券资本流入，1991 年证券资本流入仅为 1.3 亿美元，到了 1996 年已经高达 50 亿美元。在 1995 年和 1996 年仅证券投资一项就可以填平菲律宾的经常项目逆差。证券资本流入了房地产业、股市和金融机构，催生了资产泡沫。与此同时，1994 年后银行贷款资本流入也开始大幅增长，

1991 年以银行贷款形式流入菲律宾的资本仅为 4 亿美元，1994 年上升到 16 亿美元，1996 年更是高达 50 亿美元。金融部门充裕的流动性带来了信贷扩张，然而大部分资金都进入了房地产业等非贸易部门，对制造业的贷款却没有太大增长。

如上所述，在 1993 年后大量的短期资本流入了菲律宾，但是从存量的角度来看，菲律宾的情况并没有泰国等国家那么严重。在 1997 年 6 月菲律宾的外债规模是 448 亿美元，相比印度尼西亚等国家要小很多，而且其中只有 85 亿美元（18.9%）是短期债务。菲律宾的经常项目的两个特点可以解释这一现象：一是菲律宾的经常项目持续的时间相对其他国家较短，泰国和印度尼西亚的经常项目逆差都持续了至少 17 年，而菲律宾 1989 年才转为逆差，因此外债的积累时间较短；二是菲律宾的经常项目逆差的规模比泰国等国家小，泰国的经常项目逆差常年高于 GDP 的 5%，而菲律宾的经常项目逆差大部分时间都低于 GDP 的 4%，因此外债积累的速度也相对较慢。这也是菲律宾受金融危机影响相对较小的原因。

（2）长期经常项目逆差带来巨大的贬值压力。持续的经常项目逆差通常意味着一个国家的货币被高估。事实也正是如此，固定的汇率制度使得菲律宾的汇率被严重高估，危机爆发前菲律宾比索兑美元的汇率一直维持在 26∶1 左右，数据显示菲律宾比索被高估 40%以上。当泰国金融危机的巨浪袭来时，一直被大幅高估的比索必然难以支撑，尤其是长期的经常项目逆差导致菲律宾的外汇储备非常有限，几天内菲律宾当局就消耗了 10 亿美元的外汇储备，但是却没有收到任何成效，只有让汇率自由浮动，到 1998 年 1 月菲律宾比索兑美元的汇率已经暴跌到了 42.7∶1。

（3）长期经常项目逆差削弱了菲律宾经济的基本面。被大幅高估的比索从表面上似乎并没有影响菲律宾的出口，出口依然保持了增长趋势，菲律宾的经常项目逆差也没有呈现清晰的持续恶化的趋势，但事实也许并非如此。在货物贸易上菲律宾一直面临巨大逆差，而且呈持续恶化趋势，是服务贸易项目的顺差和海外菲律宾劳工汇回国内的资金的抵消，才掩饰了菲律宾制造业的萎靡不振。事实上，菲律宾的出口增速远低于泰国等其他东南亚国家，而大量的资本流入也没有进入制造业，更是导致了制造业的进一步萎靡。这种经济结构的严重失衡削弱了菲律宾经济的基本面，降低了菲律宾经济抵御外部冲击的能力。

由此可见，虽然引爆菲律宾金融危机的是泰国金融危机带来的金融恐

慌，但是经常项目逆差也是菲律宾金融危机发生与深化的重要原因。首先，正是因为经常项目逆差才导致了菲律宾对外资的依赖和外债的累积。其次，经常项目一方面反映了高估的汇率，另一方面也反过来导致了巨大的贬值压力，使得比索在冲击面前更为脆弱，而且长期逆差也使得菲律宾当局没有足够的储备来维护比索，导致了货币危机的爆发。

五、印度尼西亚经常项目逆差与金融危机

1. 印度尼西亚经常项目逆差引致金融危机的概况

受泰国金融危机的影响和国际游资的冲击，印度尼西亚印尼盾 1997 年 7 月底开始下跌，7 月 21 日，印尼盾兑美元的汇率跌至 2650：1，接近印度尼西亚银行（印度尼西亚的中央银行）规定的汇率浮动上限 2682：1。印度尼西亚银行通过抛售外汇储备、提高利率等措施进行干预，但未能奏效，不得不于 1997 年 8 月 14 日仓促宣布实行浮动汇率制度，进而引发印尼盾一路下跌，8 月 29 日印尼盾汇率跌至 3000：1，10 月初跌至 3850：1，累计贬值超过 30%，1998 年 1 月 22 日印尼盾兑美元汇率更一度跌至 17000：1 的低谷。此后，印尼盾汇率长期在低位徘徊，印度尼西亚经济长期低迷不振，成为东南亚金融危机中持续时间最长、受害最深的国家。

2. 印度尼西亚经常项目逆差引发金融危机的原因

通过第二章的分析可以看到，印度尼西亚的经常项目逆差的规模与其他东南亚金融危机国家相比要小很多，一直处于 GDP 的 2%~3.5%，在 1986 年印度尼西亚的经常项目逆差也没有超过 5%的警戒线。但是印度尼西亚的经常项目逆差的持续时间非常长，从现有数据来看印度尼西亚的经常项目逆差至少持续了 17 年之久。长期的经常项目逆差意味着印度尼西亚的外债不断累积。在 20 世纪 90 年代以前，印度尼西亚的经常项目逆差主要由外国直接投资（主要来自日本）和公共债务（包括国际援助）来弥补，稳定性很高，但是在 90 年代后，随着金融全球化的不断深入，大量的短期资本和证券资本开始流入印度尼西亚。1992 年前几乎还没有证券资本流入印度尼西亚，而到了 1996 年印度尼西亚的证券资本流入已经达到了 50 亿美元，与净直接投资规模相仿。这一现象导致印度尼西亚外债，尤其是短期外债大幅上升。1997 年危机爆发前印度尼西亚的外债高达 1400 亿美元，私人部门的债务占总外债的六成，其中四成是一年内到期的短期债

务。雪上加霜的是私人部门债务的货币错配情况也比较严重，大量的外币贷款都没有进行套期保值，一旦印尼盾开始贬值，私人部门的债务负担将大幅上升。从资金流向的角度来看，这些外债大部分流向了房地产业等非贸易部门。由于缺乏有效监管，银行信贷迅速扩张，当时印度尼西亚的房地产业已经有泡沫化的趋势，外部资金的流入更是助长了泡沫的膨胀。这些资金投机性很强，稍有风吹草动就会撤离，对印尼盾形成了贬值压力。

另外，由于长期的经常项目逆差，当时印度尼西亚的外汇储备只有160亿美元左右，甚至还低于其他东南亚国家，远不够偿还其巨额短期外债，印度尼西亚的经济稳定岌岌可危。

总的来说，虽然印度尼西亚金融危机的发生与深化与其动荡的政局、腐败的制度和糟糕的银行治理等因素都脱不了干系，但是长期经常项目逆差也是造成危机的重要原因之一。长期的经常项目逆差导致了对外部资金的依赖，导致外债（尤其是短期外债）的不断累积。由于出口部门比较落后，且出口结构中石油等资源性初级产品的比重较大，大量短期资本流入过多地集中在房地产和股市，当泰国金融危机极大地动摇了投资者的信心时，资本外逃频频出现，严重冲击银行体系，同时也对印尼盾形成巨大压力。而因为经常项目逆差持续导致外汇储备不足，在面临泰国金融危机扩散而来时，印度尼西亚平抑外汇市场的资金不足，从而无法阻止金融危机的进一步恶化，货币危机、银行危机、债务危机先后爆发。

第二节　发达国家经常项目逆差与金融危机

一、美国经常项目逆差与美国次贷危机

1. 美国经常项目逆差引致美国次贷危机的概况

美国经常项目的逆差与国际分工形势的变化有密不可分的关系。20世纪60年代以来，随着日本、德国等发达国家经济的复兴，以及一批新兴市场工业化国家的崛起，美国制造业的相对竞争力不断下降，贸易状况不断恶化。另外，美国发挥了在金融产品的生产和出口方面的比较优势，

吸引了大量资本流入，填平了经常账户的逆差。美国的经常项目逆差首次出现于 1971 年，随后几年里，美国经常项目的表现虽然稍有反复，但难以扭转逆差不断扩大的趋势。尤其是在 1981~1987 年和 1991~2000 年这两个阶段，美国的经常项目逆差分别增长了 543%和 498%。1986 年，美国经常项目逆差占 GDP 的比重达 3.33%，首次超过了国际货币基金组织关于经常项目逆差占 GDP 比重的 3%的警戒线；2000 年以后，美国经常项目逆差占 GDP 的比重连续超过 4%；2004 年，美国的经常项目逆差达 6285.23 亿美元，占 GDP 的比重突破国际公认的 5%的最高标准，达到 5.3%；2006 年底，美国的经常项目逆差达到其历史最高点 8006.18 亿美元，占 GDP 的 6.01%。美国的经常项目逆差持续了 45 年，最终于 2007 年爆发了次贷危机。危机之后，美国经济衰退抑制了国内消费与进口，美国政府采取的控制逆差、促进出口的政策也使其经常项目逆差有所减少。但相对于其他国家而言，美国的经常项目逆差仍然很高。截至 2011 年底，美国的经常项目逆差为 4734.41 亿美元，占 GDP 的 3.14%。

2. 美国经常项目逆差引发次贷危机的原因

2007 年，美国次贷危机爆发，并迅速从房地产市场向金融市场蔓延，从美国向全球蔓延，对美国、全球金融市场以及全球经济造成了严重损害。从深层次看，美国次贷危机的爆发与蔓延是经常项目逆差的矛盾长期积累的结果。

（1）美国经常项目持续逆差加剧了房地产市场泡沫，导致金融风险不断累积。经常项目的任何赤字都必须有一项抵消性的资本流入，因此美国长期的经常项目逆差意味着大量的资本流入，而这些外国资本大部分流向了房地产等非贸易部门，加剧了国内经济结构的失衡，并且进一步刺激了美国居民的过度消费。巨额资本流入和 2001~2004 年美国实施的宽松货币政策和积极减税政策，带来了低廉的融资成本和宽松的借贷条件，美国居民购房需求不断增加，房地产信贷迅速扩张、次级房贷规模急剧膨胀。2002~2004 年，美国次级房贷发放金额的增长率分别为 27.4%、66.9%和 98.5%。2006 年，美国次级房贷发放金额为 6000 亿美元，比 2001 年增长了 220%；次级房贷发放金额占全部房贷发放金额的 20.1%，比 2001 年提高了 11.5 个百分点[①]。由于房地产市场过热，美国房地产市场泡沫迅速膨

① Inside Mortgage Finance Publications，www.imfpubs.com。

胀，潜藏的风险不断扩大。2000~2006 年，美国房价指数上涨了 130%，成为历次房价变动周期中涨幅的最高峰。同时，上升的房价又通过财富效应影响着居民消费。1996 年末，美国家庭拥有的房地产资产总值不超过 8 万亿美元，约占家庭资产总额的 40%，而到 2005 年末，美国家庭房地产资产总值已升至 21.6 万亿美元，在家庭财产中的比例提高到 56%。财富的增多使美国居民的消费持续上升，带来经常项目逆差的进一步恶化。随着 2004~2006 年美联储连续 17 次上调联邦基金利率，购房者还贷压力不断加大，美国购房需求大幅下降，房价开始下跌，成为美国次贷危机爆发的导火索。在利率上升、房价下跌的双重压力下，房地产市场风险迅速扩散至信贷市场。2006 年第四季度美国次级房贷逾期还贷余额占全部贷款余额的 13.33%，达到 2002 年以来的最高水平。

（2）美国经常项目持续逆差加剧了实体经济与虚拟经济的失衡，导致了经济过度虚拟化的风险不断累积。20 世纪 80~90 年代，美国大力推动“去工业化”战略，将劳动力密集和技术含量低的工业转移出去，并通过发展金融、研发、营销等产业控制国际生产体系。在这一过程中，美国经常项目长期保持逆差，造成美国产业空心化的格局不断加剧，从而导致美国实体经济与虚拟经济失衡格局日益凸显。20 世纪 80 年代以来，制造业、建筑业等实体经济产业在 GDP 中的地位不断下降，而金融、房地产等虚拟经济产业则成为美国经济的重要产业。2007 年，美国实体经济[①] 创造的 GDP 占其 GDP 总额的比重从 1980 年的 36.1%下降至 18.7%，而虚拟经济创造的 GDP 占比则由 1980 年的 15.5%上升至 20.7%[②]。这种经济结构失衡一方面进一步导致了出口制造业的萎靡，削弱了美国获得贸易收入偿还外债的能力，另一方面在传统的金融业和房地产业以外，美国还利用金融业和房地产业的联系，在次级抵押贷款的基础上，创新出“次贷—MBS—CDO—CDS—合成 CDO”的衍生产品链，形成了规模庞大、结构复杂的衍生金融市场。根据国际清算银行保守估计，2006 年底美国境内的股票、债券、外汇、大宗商品期货和金融衍生品市值约 400 万亿美元，相当于当年美国 GDP 的 30 倍左右。这些金融衍生品脱离了实体经济，具有高杠杆、高风险的特征，在自我循环和膨胀的过程中积聚了巨大的泡沫。

① 实体经济包括制造业、建筑业和交通运输业，虚拟经济包括金融业、房地产业和租赁服务业。
② 根据美国经济分析局（BEA）的数据整理而得。

当房地产市场、次级抵押贷款风险暴露时，美国金融衍生产品市场的泡沫迅速破灭，从而引发金融危机。

（3）美国经常项目持续逆差加剧了全球流动性过剩，导致了流动性风险不断累积。在牙买加体系下，美元实质上是一种不可兑现的、仅依靠发行国信誉为担保的国际货币。依靠美元的国际货币地位，美国可以通过向其他国家购买商品和服务实现美元投放，并吸收其他国家对美国的金融投资实现美元回流（具体的美元环流路径见图 4-1）。由于美国可以无限制发行美元来弥补经常项目的逆差。经常项目逆差规模的不断扩大造成美元的过度供给，使得全球流动性出现泛滥的局面。据统计，2007 年全球的流动性约 607 万亿美元，相当于全球 GDP 的 12.5 倍。泛滥的流动性引发了信用的快速扩张，推高了房地产、金融市场的资产价格，增强了全球投资者购买高风险资产的意愿，导致资产泡沫不断膨胀、风险不断累积。当美国实施货币紧缩政策、逐步提高利率时，全球信用紧缩、流动性减少，导致全球房地产和金融资产价格迅速下降、资产泡沫破灭，从而引发金融危机。

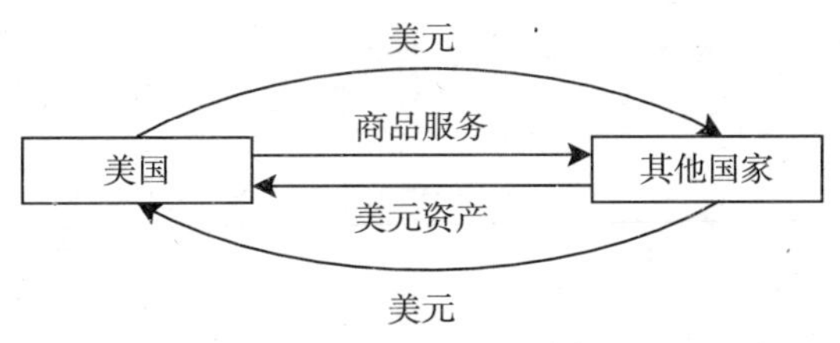

图 4-1　美元环流路径

（4）美国经常项目持续逆差导致了债务风险不断累积。由于商品与服务在国际间流动将引起国际资本的流动，经常项目逆差必将带来一国负债的变化，形成对外负债，进而引起该国净国际投资头寸，即对外债权存量与对外债务存量的差额的变化。经常项目均衡的跨时期分析认为，净对外债务余额必须等于未来经常项目顺差的现值，即对外债务最终需要通过贸易顺差来支付，不能一直通过借新债偿还旧债，除非该国的经济增长能够支撑其债务余额的增长。1986 年，美国从债权国转变为债务国。此后，美国净国际投资头寸逐年增加。2000 年末，美国净国际投资头寸超过 1 万亿美元，达 1.38 万亿美元。2006 年末，美国净国际投资头寸达 2.5 万亿美元，占 GDP 的比率达 26%[①]。在净国际投资头寸持续扩大的情况下，美国一直没有爆发金融危机的原因在于美国的经济增长速度相对较快、资产相对比较安全、资本回报率较高。1990~2000 年，美国 GDP 的年均增长率为 3.4%，比高收入国家的均值高 1 个百分点。经济高速增长带来的高回报率吸引了大量国外资金的流入，使得美国的经常项目逆差得以维持。如果外债与 GDP 的比率呈现出不断上升趋势，那么经济增长将难以为继，必然导致经常项目逆差不可持续。2006 年，美国净对外债务的增长率为 13.43%，而同年的 GDP 增长率为 6.02%，净对外债务增长率高于 GDP 增长率，导致债务变得不可持续，无法为经常项目逆差融资，其结果就是美国经常项目逆差的无法持续，引发了金融危机。

美国经常项目逆差与美国次贷危机的关系如图 4–2 所示。

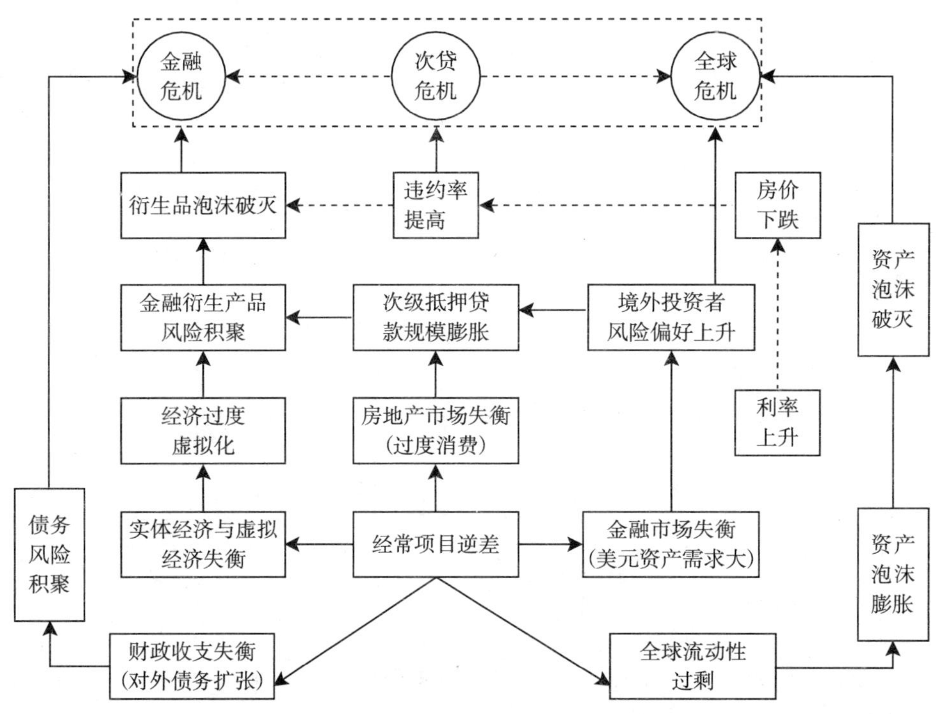

图 4–2 美国经常项目逆差与美国次贷危机的关系

① 美国经济分析局，www.bea.gov。

二、希腊经常项目逆差与金融危机

1. *希腊经常项目逆差引致金融危机的概况*

与美国类似，20 世纪 70 年代以来，希腊的经常项目持续处于逆差状态。1995 年以前，希腊经常项目逆差占 GDP 的比重一直控制在 5%以下，1994 年一度低至 0.13%。1998 年以后，希腊的国际竞争力持续下降，项目逆差持续上升，经常项目逆差占 GDP 的比重居高不下。希腊政府为了加入欧元区曾一度控制经常项目逆差规模，但经常项目逆差占 GDP 之比从未回落至国际社会公认的 5%的最高标准之下。尤其是 2004 年奥运会以后，希腊的经常项目开始剧烈恶化。2004~2008 年，经常项目逆差由 134.76 亿美元增加至 513.13 亿美元，五年时间内上升 280.8%；经常项目逆差占 GDP 的比重由 5.91%增加至 15.02%，上升了 9.1 个百分点。

2. *希腊经常项目逆差引发金融危机的原因*

（1）掩饰债务为危机埋下隐患。经常项目的赤字包括来自私人部门的赤字和来自政府的财政赤字两个部分。其中，财政赤字及相应的利息支出是引致希腊主权债务危机的主要诱因。根据《马斯特里赫特条约》，欧洲经济货币同盟成员国必须符合两个关键标准——预算赤字不能超过 GDP 的 3%和负债率低于 GDP 的 60%。为了加入欧元区，获得由单一货币所带来的信用增值，希腊于 2001 年通过高盛等金融机构，掩饰了一笔高达 10 亿欧元的公众债务。这使得希腊政府不得不依赖国家信用进行大规模资本借贷来维持本国居民的高社会福利和保障政策。然而，国际金融危机的爆发导致融资成本高企，希腊的债务链再也无法继续，不仅相关的银行被波及，有类似弱点的主权债务国家也全部受到影响。

为了填补希腊日益扩大的经常项目逆差，希腊不得不向外国借入大量资本，而自从希腊通过隐瞒债务等手段加入欧元区后，由于有强大的欧元区经济作为依托，希腊在为其债务融资方面获得了极大的便利。在加入欧元区前夕和加入欧元区后，希腊的融资成本不断降低，希腊和德国的十年期国债息差在 1998 年初为 1100 个基点，2001 年希腊加入欧元区时下降到了 50 个基点，2002~2007 年希腊和德国的十年期国债息差已经低至 10~30 个基点，这意味着希腊可以以与德国相差无几的利率在国际金融市场上获得资金，也使希腊得以维持其日益扩大的经常项目逆差。

希腊为经常项目逆差融资的主要方式是发行债券。自 1999 年后，希腊债券投资形式的资本流入规模一直显著大于其他形式的资本流入规模（见图 4-3）。1999~2004 年以债券形式流入希腊的资本平均为 100 亿美元左右，2007 年后受全球金融危机影响，希腊的股票资本流入大幅下降，为了填补这一缺口，希腊唯有进一步加大债券发行规模，2008 年以债券形式流入希腊的资本大幅上升，达 263 亿美元，2009 年更是高达 392 亿美元。与西班牙不同的是，通过发行债券借入资金的主要是希腊的政府部门（见图 4-4）。2003~2008 年每年流入希腊政府部门的债券资本都达到 200 亿~300 亿美元，2009 年希腊政府部门更是通过发行债券借入了 412 亿美元。这一现象反映的是希腊政府毫无节制的消费。希腊政府的财政状况一直令人担忧，加入欧元区之后更是日益恶化，2001~2009 年政府赤字占 GDP 之比为 7.4%，2009 年政府赤字占 GDP 之比更是高达 15.6%。雪上加霜的是希腊政府的大量借债除了用于 2004 年奥林匹克运动会前期的基础设施投资外，大部分用于了消费。

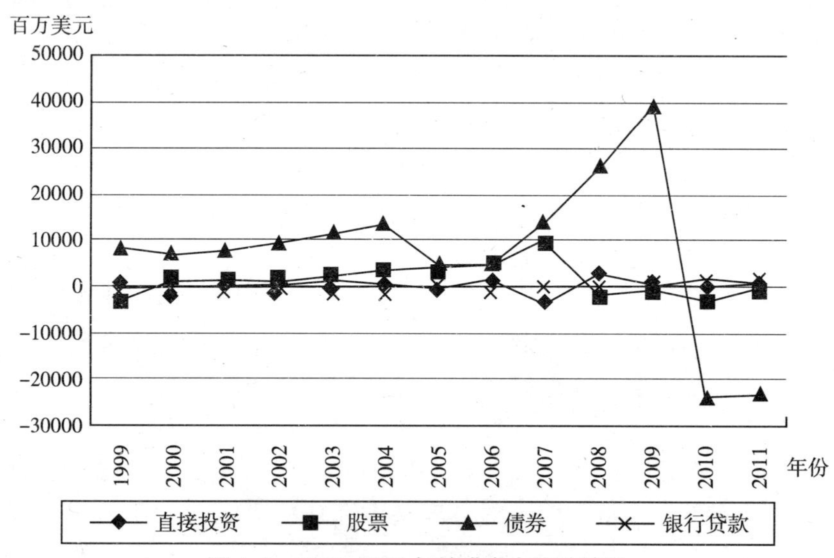

图 4-3 1999~2011 年希腊资本流动情况

数据来源：国际货币基金组织 IFS 数据库。

大量研究表明，对债券形式的资本流入依赖程度高的国家更容易发生资本的突然逆转。2009 年希腊财政的真实情况曝光后，投资者对希腊债

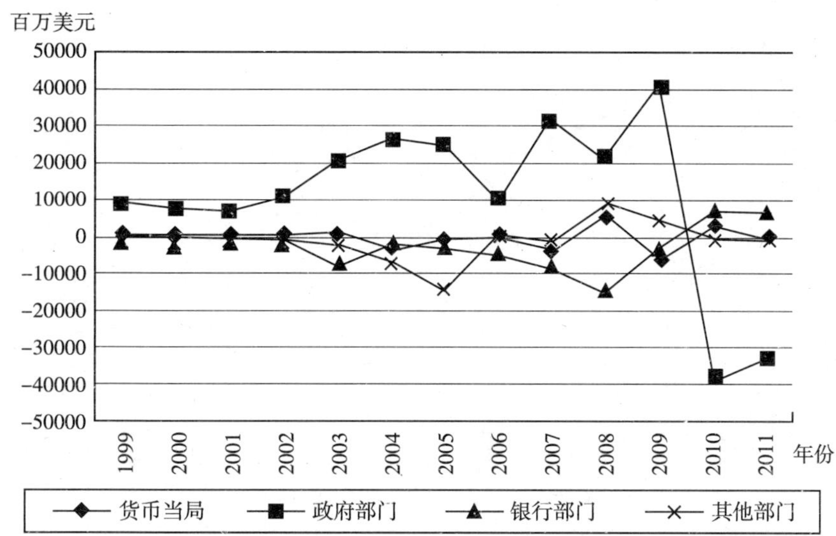

图 4–4　1999~2011 年希腊债券 (Bonds and Notes) 资本流动情况

数据来源：国际货币基金组织 IFS 数据库。

券的信心跌至谷底，希腊的债券资本流动净额从 392 亿美元的净流入转为了 238 亿美元的净流出。希腊政府只有转而依赖其最后选择——来自欧元区其他国家和国际货币基金组织的贷款。

（2）通过借债消费拉动的经济增长难以为继。除了希腊政府本身无节制的消费之外，希腊政府需要借入国外资金来填补投资储蓄缺口的重要原因是国内私人部门储蓄率的大幅下降。1974~1995 年，居民储蓄率高达 GDP 的 25%左右，对政府赤字起到了抵消作用。2001 年希腊加入欧元区带来的乐观情绪使得居民消费不断上升，储蓄率持续下降，仅为 GDP 的 10%左右。国内储蓄的严重不足迫使希腊政府从国外融资以维持庞大的政府消费。

希腊通过借债消费来拉动增长的行为显然是不可持续的。希腊庞大的经常项目逆差的累积使得希腊的外债情况不断恶化。2001 年希腊的净国际投资头寸为负 600 亿美元，2009 年的净国际投资头寸暴涨到了负 2888 亿美元，翻了近五倍（见图 4–5）。随着债务的不断累积，而借入的资金没有被用于可以产生出口收入的投资上，最终导致了希腊经济的崩溃。

（3）加入欧元区导致希腊的货币政策僵化。希腊的经常项目在进入欧元区前就长期处于逆差状态，加入欧元区后，由于失去了对汇率和货币政策的控制，希腊的经常项目更是面临诸多不利因素。由于投资者对美元信

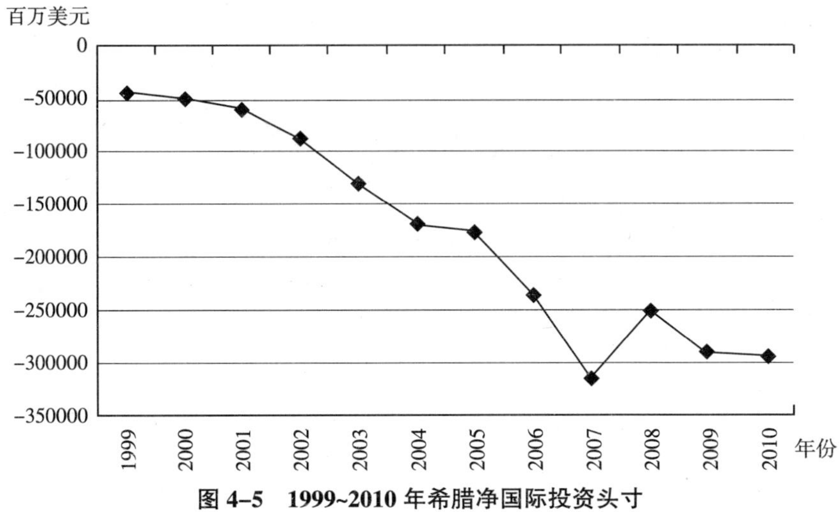

图 4-5　1999~2010 年希腊净国际投资头寸

数据来源：国际货币基金组织 BOPS 数据库。

心的减弱等原因，欧元在 2002~2007 年大幅升值，而希腊作为欧元区中通货膨胀偏高的成员国，实际汇率更是持续上涨，对希腊的出口产生了负面影响。根据最优货币区理论，在这种情况下货币区内的成员需要有足够的价格和工资弹性来代替汇率调节机制，但是希腊的工资决定机制弹性明显不足。虽然希腊的劳动生产率在加入欧元区后有一定进步，但希腊的名义工资在价格的上涨和失业率的下降的影响下持续上涨，并且存在上涨容易下降难的僵化现象，导致单位产出劳动成本（Unit Labor Cost）的不断上升，带来了出口竞争力的持续减弱和经常项目的不断恶化。

（4）金融危机严重影响希腊的宏观经济体系。国际竞争力的下降使希腊经济结构日益内向化，经济发展高度依赖旅游、航运等产业。国际金融危机的爆发，导致国际旅游市场大幅萎缩，严重影响了希腊旅游业的收入；金融危机还导致国际贸易降温，全球海运市场需求明显下滑，希腊的航运收入也明显下滑。两项支柱产业萎靡不振，不但进一步恶化了希腊的经常项目，还极大地影响了希腊的财政收入来源，导致希腊陷入主权债务危机。希腊主权债务问题引发了波及欧洲各主要经济体的主权债务危机，西班牙、葡萄牙、爱尔兰、意大利等也纷纷爆出债务危机的风险。国际金融危机引发了希腊乃至欧洲的主权债务危机，这也是本书将欧洲主权债务危机看作国际金融危机的延续的重要原因。

三、葡萄牙经常项目逆差与金融危机

1. 葡萄牙经常项目逆差引致金融危机的概况

1975 年以来，葡萄牙的经常项目大多数时期处于逆差状态。1984 年以前，葡萄牙的经常项目都呈现逆差状态。经常项目逆差占 GDP 之比最高的 1981 年，葡萄牙的经常项目逆差达 46.86 亿美元，占 GDP 的 14.85%。从 1982 年开始，葡萄牙的经常项目逐步改善，并从 1985 年开始一度出现顺差。1986 年，葡萄牙经常项目顺差占 GDP 之比达 3.05%。但是，葡萄牙的经常项目顺差并未持续太长时间。从 1990 年开始葡萄牙经常项目出现持续的逆差状态，并从 1996 年开始显著扩大。1996 年，葡萄牙经常项目逆差占 GDP 之比超过 3%的警戒线，达 4.05%；1997 年，这一比例达 5.73%，超过国际公认的 5%的最高标准。此后，葡萄牙的经常项目逆差从未再低于这一标准。2001 年加入欧元区之后，葡萄牙为了政治层面的需要，不顾本国有效资源禀赋的限制，而依照欧元区国家的标准，提高国内居民的工资待遇和福利水平，其结果是导致葡萄牙的国际竞争力水平逐渐下滑，经常项目逆差持续高企。2008 年，葡萄牙的经常项目逆差达 319.06 亿美元，占 GDP 的比重高达 12.66%。2011 年 4 月，葡萄牙政府不得不向欧盟寻求救助，以缓解国内严峻的债务危机，成为继希腊与爱尔兰之后第三个寻求援助的欧元区国家。

2. 葡萄牙经常项目逆差引发金融危机的原因

（1）长期经常项目逆差导致葡萄牙经济增长乏力，削弱了葡萄牙的经济基本面。葡萄牙加入欧元区后经济长期处于萎靡不振的困境。1995~1999 年葡萄牙的平均增长率为 3.9%，1999 年后葡萄牙的经常项目逆差迅速恶化，同时葡萄牙的经济增长率也大幅下降，2000~2007 年葡萄牙的增长率仅为 1.29%，与西班牙、希腊、爱尔兰等其他欧元区国家的高增长率相差甚远。可以看出，葡萄牙经济增长乏力的主要原因就是葡萄牙外部部门的萎靡。从投资、消费和出口对整个国民经济的贡献来看，葡萄牙消费所占比率过高，而投资、出口所占比率严重偏低，经济发展缺乏核心产业和创新支持，导致经济增长速度持续在低位徘徊。2008 年，葡萄牙投资、公共消费、私人消费和出口对经济增长的贡献率分别为 21.7%、20.7%、66.6%和 32.9%，消费贡献率远高于投资和出口。在缺乏投资与出口推动的情况下，葡萄牙的 GDP 增长率长期低于 2%。随着经济全球化的发展，由于葡萄牙大部分传统出口产业是低科技产品，受到来自新兴市场国家的竞争而又无法调整汇率，导致葡萄牙出口市场份额逐年减少。世界经济论坛发布的历年《全球竞争力报告》显示，葡萄牙的经济实力竞争力从 1999 年的第 14 位跌落到 2007 年的第 48 位，虽然而后略有回升，但 2010 年也仅仅排名第 38 位。

（2）长期经常项目逆差导致葡萄牙外债负担不断增加。与希腊和西班牙相比，葡萄牙债务危机的严重程度稍轻，受到的关注也相对较少。外界普遍认为葡萄牙的处境与希腊相似，但事实并非如此。

葡萄牙的经常项目逆差和债务风险累积经历了两个不同阶段。第一个阶段是 1995~2001 年，此时的葡萄牙经济增长势头较高，失业率不断下降，情况和希腊、西班牙相似。在这一阶段葡萄牙经历了一个经济繁荣时期。加入欧元区带来的低通胀、国别风险的消除和进入欧元债券市场的权利，以及对欧元区内经济趋同的乐观预期，使得葡萄牙的融资成本不断降低，造成居民储蓄率的下降、投资率的显著上升以及不断扩大的经常项目逆差。在这一阶段，政府赤字并没有出现上升，反而缩小了 0.5%。

与希腊和西班牙不同的是，葡萄牙的经济繁荣期并没有延续下去并发展至经济过热的局面，而是进入了第二个阶段。受“9·11”事件影响，2001 年欧元区的大多数国家都出现了经济增长放缓现象，2003 年伊拉克战争带来的不确定因素又为全球经济前景蒙上了一层阴影，2003 年德国和意大利出现了负增长，葡萄牙在连续四年的经济增长率下滑后也于 2003 年陷入了负增长。2002 年后葡萄牙的投资率开始回落至 1995 年前的水平，2004 年葡萄牙的经济开始从萧条期中恢复过来，但是投资率持续低迷，一直处于 23%左右的水平。与低迷的经济增长率相反，私人部门的消费反而不断上涨，导致了私人部门资产负债表的不断恶化。同时葡萄牙的政府赤字在这一阶段虽然没有出现持续恶化趋势，但也没有任何改善，除 2005 年之外一直处于 GDP 的 3.2% ~4%，高于《马斯特里赫特条约》规定的 3%的警戒线，导致政府部门的债务也不断累积（见表 4-1）。

葡萄牙的公共财政危机在 2009 年开始剧烈恶化，政府财政赤字骤然从 GDP 的 3.7%上升到了 10%。政府财政突然恶化主要是由于全球金融危机的影响，葡萄牙在 2008 年再次陷入负增长，2009 年葡萄牙的实际增长率更低至-2.9%，失业率高达 9.6%。因此，葡萄牙政府一方面面临税收的

表 4-1 2006~2010 年葡萄牙部分经济指标

单位：百万欧元，%

年 份	政府负债增加值	年度负债/GDP	负债总额/GDP	经济增长率	经济增长率与年度负债率差额
2006	6091.8	3.9	64.7	1.4	-2.5
2007	4218.1	2.6	63.6	1.9	-0.7
2008	4704.6	2.8	66.3	0.0	-2.8
2009	15425.6	9.4	76.8	0.8	-8.6
2010	13864.4	8.3	85.9	1.4	-6.9

数据来源：葡萄牙国家统计局、欧盟统计局。

大量减少，另一方面支出尤其是社会福利支出也因为经济的衰退而大幅上升。经常项目跨时期理论认为，经常项目逆差可持续的一个重要前提是长期的经济增长可以支撑经常项目逆差造成的外债累积，但葡萄牙这种经济增长乏力、经常项目逆差高企的状况就显得难以为继。希腊的主权债务危机爆发后，葡萄牙脆弱的经济基础和高额债务也导致投资者信心的丧失，葡萄牙主权债务危机也就此爆发。

四、西班牙经常项目逆差与金融危机

1. 西班牙经常项目逆差引致金融危机的概况

西班牙的经常项目在进入欧元区前就长期处于逆差状态，加入欧元区后，由于失去了对汇率和货币政策的控制，西班牙的经常项目更是面临诸多不利因素。由于投资者对美元信心的减弱等，欧元在 2002~2007 年大幅升值，而西班牙作为欧元区中通货膨胀最高的成员国之一，实际汇率更是持续上涨，对西班牙的出口产生了巨大的负面影响。根据最优货币区理论，在这种情况下货币区内的成员需要有足够的价格和工资弹性来代替汇率调节机制，但是西班牙的工资决定机制弹性明显不足。西班牙的名义工资不但没有反映劳动生产率的变化，反而在价格的上涨和失业率的下降的影响下持续上升，并且存在上涨容易下降难的僵化现象。西班牙停滞不前的劳动生产率和不断上涨的劳动成本都导致单位产出劳动成本（Unit Labor Cost）的不断上升，造成了西班牙出口竞争力的减弱和经常项目的不断恶化，使得西班牙不得不在金融市场上融资来填补逆差。受全球金融危机影响，流入西班牙的资本从 2007 年开始撤离。2008 年，西班牙的债券投资资本流动转为了 338 亿美元的净资本流出，经常项目逆差的融资渠道受限，债务危机浮出水面。

2. 西班牙经常项目逆差引发金融危机的原因

（1）资本大量流入银行体系造成西班牙银行信贷迅速扩张。从资本流入形式来看，西班牙主要通过债券投资来为其经常项目逆差融资。尤其是在 2004~2007 年，也就是西班牙的金融风险累积最为迅速的时间段内，其他形式的资本流动大多为净流出，支持着西班牙不断上升的投资率的正是巨额的债券投资资本流入。2004 年，西班牙的债券投资资本流入从 2003 年 292 亿美元的净流出转为了 1062 亿美元的净流入，2006 年西班牙的债券投资资本流入更是高达 2827 亿美元（见图 4-6）。造成大规模债券投资净流入的主要原因并不是资本流出的减少，而是债券投资资本流入的大幅上涨。2003~2006 年西班牙的债券投资资本流入上涨了 2195 亿美元。

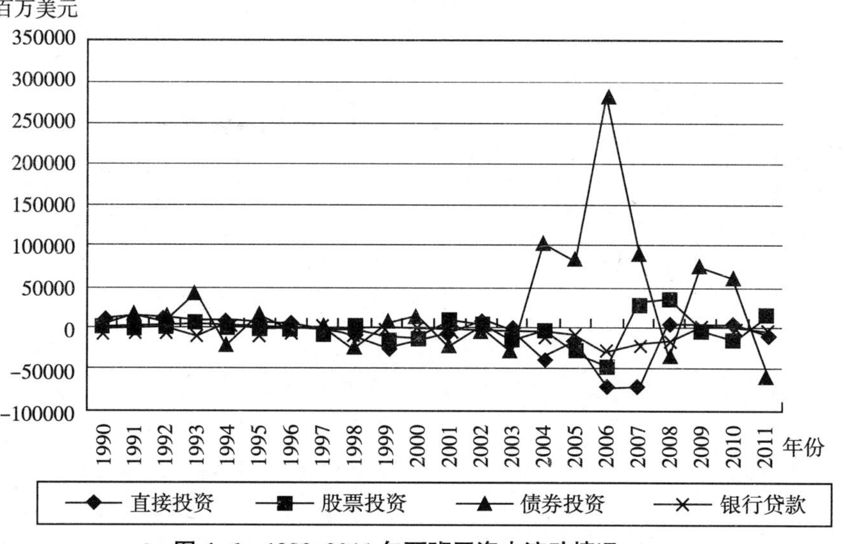

图 4-6 1990~2011 年西班牙资本流动情况

数据来源：国际货币基金组织 IFS 数据库。

银行部门在此次西班牙金融危机中扮演着极其重要的角色。在危机爆发前，西班牙的政府财政状况良好，甚至还有小规模的盈余，首先出现问题的是银行部门，随后才开始向政府部门蔓延，因此准确地说此次西班牙金融危机的根源是银行危机而不是主权债务危机。数据显示，在 2004~2007 年的大规模债券资本流入中，绝大部分分流向了银行部门和私人部门（见图 4-7）。西班牙的非银行金融机构并不发达，银行部门是西班牙金融系统最重要的组成部分，西班牙银行的总资产高达西班牙 GDP 的 320%，银行对私人部门的贷款占 GDP 的 166%。根据 IMF 的统计，除存款外，西班牙银行贷款的资金来源中最重要的就是担保债券（Covered Bond），西班牙 57%的住房抵押贷款的资金都是由担保债券提供的。联合融资（Club Funding）是西班牙担保债权的一个重要特征。大型金融机构往往能够比较轻易地从国际资本市场上筹得资金，而小型的金融机构如地区储蓄银行通过共同组建由住房抵押贷款组成的资产池并联合发行担保债券，也能从国际资本市场获得资金。欧元区的成立消除了汇率风险，为西班牙等欧元区逆差国家带来了融资的便利。担保债券等结构金融产品的存在和欧元区金融一体化带来的廉价融资促进了债券资本的大量流入。

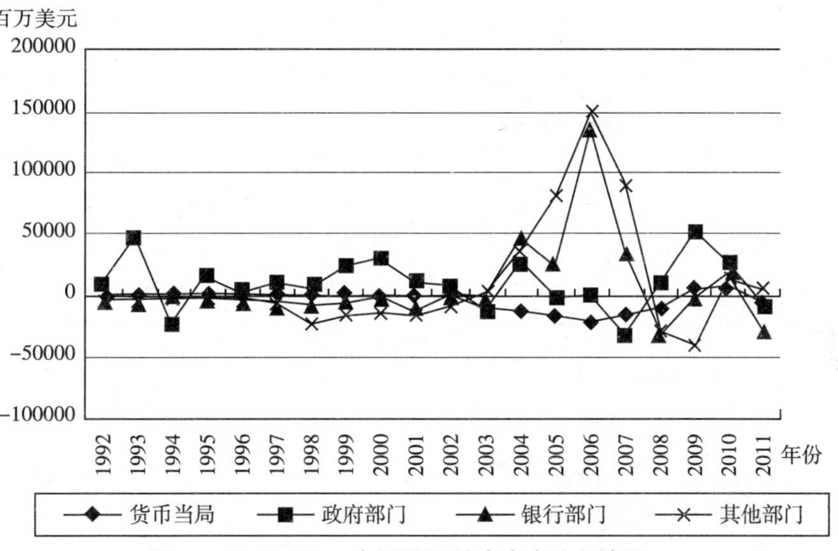

图 4-7　1992~2011 年西班牙债券资本流向情况

数据来源：国际货币基金组织 IFS 数据库。

大量资金流入西班牙银行体系，造成了银行可贷资金的增加，导致了银行信贷的迅速扩张。西班牙银行对私人部门的信贷自进入欧元区后持续快速增长，尤其是在 2003~2007 年涨势尤其迅猛。Mendoza 和 Terrones（2012）将信贷繁荣时期（Credit Boom）定义为私人部门信贷实际增长高于正常经济周期扩张时期应有增长的时期。他们的研究发现，西班牙的信贷增长在2007年达到高峰，并且此次西班牙信贷扩张是西班牙1960~2010年唯一的一次信贷繁荣时期。与此同时，欧元区的单一货币政策也对西班牙国内的信贷扩张起到了推波助澜的作用。2000年以后，欧元区的大多数国家经济增长放缓。2001年5月~2005年12月，欧洲央行七次下调基准利率，基准利率从4.75%大幅下降到了2%。然而同期的西班牙经济增长势头强劲，欧洲央行的扩张性货币政策使得西班牙出现了高通胀率和负实际利率的现象，这对西班牙的国内经济无异于火上浇油。

（2）银行信贷扩张催生资产泡沫。信贷扩张为西班牙国内的过度投资创造了条件，而更令人担忧的是大部分的资金都流向了房地产行业，而流向实体经济的银行信贷反而呈现逐年下降的趋势。2001年，建筑业、房地产开发业和用于住房用途的居民贷款占总贷款的47.5%，而在2007年，建筑业、房地产开发业和用于住房用途的居民贷款占总贷款之比已经高达61.3%。相比之下制造业严重萎缩，对制造业的贷款由2001年的10.2%下降到了2007年的6%。上文提到的宽松的货币环境造成西班牙住房抵押贷款利率持续下降，1995年西班牙的住房贷款利率为12%，而2002年的住房贷款利率仅为3.5%。在经济繁荣的大环境和更高利润的驱使下，一些银行甚至推出了还款年限为50年的住房抵押贷款。集中在房地产业的信贷扩张不可避免地带来了房价的迅速上涨，造成资产泡沫的产生。1999~2006年西班牙的房价以平均每年12%的速度增长，2003年的增速更是高达18%，2007年西班牙的房价是1995年房价的三倍。

西班牙在2000~2008年经历了一波前所未有的移民潮，在出生率仅为人口替换率一半的情况下，西班牙的人口仍出现了大幅增长。因此，住房需求的上升一开始是确实存在的。但是，随着银行信贷的泛滥和房价的不断上升，住房投资脱离了实际需求，变成了投机的工具，西班牙的银行信贷扩张和房地产价格陷入了一个顺周期的自我强化互动循环：一方面，银行信贷的迅速扩张，具体来说是居民住房抵押贷款利率的降低和贷款条件的放松刺激了住房需求，造成房地产价格的持续上升以及建筑业和房地产开发业的繁荣；另一方面，房地产价格的上升以及建筑业和房地产开发业的繁荣又提升了住房抵押品价值，改善了企业资产负债状况，促进了银行信贷投放量的进一步增长。支撑这一恶性循环的是房价的持续上涨，一旦房地产价格开始下降，泡沫破灭，就将对经济产生连锁式的影响。

根据金融加速器原理，信贷市场的变化将对经济周期起到扩散和放大的作用。资产价格泡沫破灭时期，企业贷款抵押资产价值减少，资产负债表恶化，外部融资成本上升，贷款能力降低，导致投资活动的减少。而对于银行而言，由于资产价值降低，银行又不得不减少对企业的贷款来保持一定的资本充足率，进一步压低了投资和资产价格。因此，企业资产负债情况恶化以及信贷资金减少时会影响总需求和总供给，总需求和总供给的变化又会产生巨大的回馈和扩大作用，形成一种负向互动机制。同时，资产价格的下降也将通过财富效应影响消费，造成总需求的收缩。2008 年受美国次贷危机影响，全球经济形势剧烈恶化，西班牙的房地产泡沫开始破灭。西班牙房价出现了自 1995 年来的首次下降，多年来支持西班牙经济增长的投资和消费无以为继，2008 年西班牙的经济增长仅为 0.89%，创下了 1994 年后的最低纪录，西班牙政府财政盈余也在 2008 年转为赤字。2009 年，西班牙经济更是出现了负增长，萎缩幅度高达 3.74%。西班牙经济陷入衰退意味着西班牙政府的财政赤字也在不可避免地迅速恶化：一方面，为了挽救迅速下滑的经济，西班牙政府在税收收入锐减的情况下仍推出了多个经济刺激计划；另一方面，在经济繁荣时期大量投资房地产业的西班牙银行业也开始出现危机，迫使政府进行救助。2007 年美国次贷危机的爆发对全球经济造成了巨大的负面影响，但是由于西班牙金融监管机构的有力监管，银行业的资本缓冲和拨备都较为充足，西班牙银行业在这一阶段并没有受到太大的冲击。2008 年全球流动性紧缩加剧，由于大部分的住房抵押贷款都是浮动利率贷款，西班牙银行业的问题资产开始大幅增加。2006 年西班牙银行业的问题资产增长率为 16.3%，2007 年上升到了 51.3%，2008 年又飙升到了 288%，造成银行资产负债表的剧烈恶化，许多公司治理结构混乱的储蓄银行更是濒临破产的边缘。西班牙政府在 2009 年 6 月建立了 990 亿欧元的银行救助基金（FROB），并对储蓄银行进行了大规模的整合。由于一系列的巨额支出，西班牙的政府赤字和公共债务在 2009 年分别上升到了 GDP 的 11.2%和 53.9%，希腊主权债务危机的爆发更是引发了市场对西班牙政府偿债能力的担忧，西班牙政府的融资成本不断提高。目前，西班牙仍未走出银行危机和主权债务危机的阴霾，2011 年公共债务高达 GDP 的 70%，主权信用评级也低至 BBB-。

综上所述，西班牙的经常项目逆差带来了大量的资本流入，造成西班牙国内的流动性过剩和信贷扩张，进而导致了房地产泡沫的产生。2007~2008 年全球金融危机的爆发造成全球流动性紧缩，西班牙房地产泡沫破灭，银行业的问题资产大幅增加，资产负债表迅速恶化，造成银行危机的爆发。由于西班牙政府在税收收入大幅减少的情况下仍要拨出大量资金来救助银行业，导致政府赤字和公共债务的大幅增加，银行危机又上升为主权债务危机。

五、爱尔兰经常项目逆差与金融危机

1. 爱尔兰经常项目逆差引致金融危机的概况

1975 年以来，爱尔兰的经常项目呈顺差与逆差交替出现的态势，但经常项目逆差的年份明显多于顺差的年份。1975~1990 年，爱尔兰经常项目持续逆差。1981 年，爱尔兰的经常项目逆差达 26.01 亿美元，占 GDP 之比达 12.98%的历史高点。此后，爱尔兰的经常项目逐渐改善。20 世纪 90 年代，爱尔兰从此前的经济困顿中脱颖而出，在欧洲整体经济发展欠佳的大环境里，其高速的经济增长成为欧洲各国的成功范例。相应地，爱尔兰的经常项目也从 1991 年开始转为顺差。但是，爱尔兰的经常项目呈现顺差的年份只持续了九年，而且顺差最高的 1994 年，其占 GDP 的比例也只有 2.85%。2000 年之后，爱尔兰的经常项目再次转入逆差，并呈现急剧恶化的趋势。2005 年，爱尔兰的经常项目逆差达 71.50 亿美元，占 GDP 的 3.52%，超过了 3%的警戒线；2007 年，爱尔兰的经常项目逆差达 138.50 亿美元，占 GDP 的 5.33%，超过了 5%的最高标准；2008 年，爱尔兰的经常项目逆差进一步增加到 152.99 亿美元，占 GDP 的 5.80%。受国际金融危机的影响，爱尔兰房地产泡沫于 2008 年破灭，全国 GDP 的 20%被蒸发，使得政府税源枯竭，爱尔兰也随之失去了为经常项目逆差融资的源泉。2010 年 11 月，爱尔兰政府与欧盟委员会、欧洲中央银行以及国际货币基金组织就如何维护爱尔兰的金融稳定进行会谈，标志着爱尔兰成为继希腊之后欧洲第二个陷入主权债务危机的国家。

2. 爱尔兰经常项目逆差引发金融危机的原因

（1）经济增长过度依赖房地产。从 20 世纪 90 年代开始，爱尔兰经济经历了长达 15 年的繁荣。在此期间，爱尔兰经济保持了年均 5%~11%的高速增长，在欧洲经济整体消沉的大环境里，爱尔兰高速的经济增长一度成为欧洲各国的成功范例。但是，爱尔兰的经济金融资源更多地配置于房地产、金融服务业等资本密集型领域，而实体经济发展欠佳，导致资本品投资过剩，而消费品投资不足。其中，房地产业的泡沫表现得尤为明显。

1995~2007年，爱尔兰的房价平均上涨了3~4倍，房地产业在GDP中的比重从5%提高到10%。受2008年国际金融危机的影响，爱尔兰的房地产泡沫破灭。截至2010年2月底，爱尔兰的房价从2008年的最高点下跌了36%，房屋空置率达到了17%①。经济金融资源过度配置于资本品领域，导致该领域更多地依赖于价差交易；而随着资源错配日益负重，最终导致房产泡沫难以为继，而经济增速下滑也使得经常项目逆差难以持续。

（2）泡沫破灭引发银行危机。爱尔兰是金融业最为发达的欧盟成员国之一，其银行资产占GDP的300%②。爱尔兰房地产业泡沫的产生与银行信贷的迅速扩张也是紧密相关的。但是，由于爱尔兰作为金融中心的特殊地位，很难从国际收支数据中得到有关其资本流动和国际投资头寸的真实情况。但不可否认的是爱尔兰银行像西班牙银行一样通过债券形式借入了大量资金。1999年，爱尔兰银行的主要负债还是居民存款，而2007年爱尔兰银行的债券负债规模已经与居民存款相当。2008年，次贷危机的冲击导致爱尔兰房地产泡沫破灭，爱尔兰平均每个家庭欠银行13.2万欧元债务，爱尔兰银行业也因此背负了大量坏账。2009年，爱尔兰政府被迫宣布为所有银行提供担保。随着爱尔兰银行业债务规模不断扩大，政府担保资产规模也节节攀升，导致爱尔兰的公共债务急剧增加，爱尔兰的主权评级被下调，弱化了爱尔兰为经常项目逆差融资的能力，最终引发主权债务危机。总的来说，爱尔兰的情况和西班牙是非常类似的。

第三节　不同类型国家经常项目逆差引发金融危机的比较分析

一、不同类型国家经常项目失衡的影响因素分析

1. 模型框架及样本选择

随着经济全球化的发展，经常项目失衡已经成为一种普遍存在的经济

①② 爱尔兰中央统计局，www.cso.ie。

失衡现象。从经常项目失衡的原因来看，经常项目失衡的跨时期分析强调储蓄率、财政收支、贸易条件变化等因素，而在开放条件下还需要考虑开放度、金融开放度、金融深化等因素。综合现有分析，本章选取固定资本形成率（用 CAP 表示）、储蓄率（用 SAV 表示）、贸易条件指数（用 TTF 表示）、实际有效汇率（用 REER 表示）、财政支出（用 TRA 表示）、贸易开放度（用 OPEN 表示）、GDP 增长率（用 GDP 表示）、人均 GDP 增长率（用 PGDP 表示）、外汇储备（用 RES 表示）和国内信贷（用 LOAN 表示）十个指标作为解释变量，选取经常项目差额占 GDP 的比重（用 B 表示）作为被解释变量进行分析，并分别基于总体样本、发达国家和发展中国家构建如下回归模型：

$$B_{it} = \alpha_0 + \alpha_1 CAP_{it} + \alpha_2 SAV_{it} + \alpha_3 TTF_{it} + \alpha_4 REER_{it} + \alpha_5 TRA_{it} + \alpha_6 OPEN_{it} + \alpha_7 GDP_{it} + \alpha_8 PGDP_{it} + \alpha_9 RES_{it} + \alpha_{10} LOAN_{it} + \varepsilon_{it} \quad (4-1)$$

其中，i = 1，…，n 表示不同国家；t = 1，…，τ 表示不同时间。具体分析中，本章首先将十个指标分为增长因素和结构因素，分别构建增长因素回归模型和结构因素回归模型；其次在十个指标中提取内部因素和外部因素，分别构建内部因素决定模型和外部因素决定模型；最后构建包括所有因素的总体模型，基于五个模型进行对比分析，探讨经常项目失衡的影响因素。从增长因素和结构因素来看，GDP 增长率、人均 GDP 增长率、外汇储备和国内信贷属于增长因素，固定资本形成率、储蓄率、贸易条件指数、实际有效汇率、财政支出和贸易开放度属于结构因素。从内部因素和外部因素来看，固定资本形成率、GDP 增长率、人均 GDP 增长率和储蓄率属于内部因素，贸易条件指数、实际有效汇率和贸易开放度属于外部因素。

根据国际货币基金组织 2011 年 4 月发布的《世界经济展望》的界定，发达经济体包括欧洲的德国、法国、英国、意大利、西班牙、荷兰、比利时、奥地利、芬兰、希腊、葡萄牙、爱尔兰、卢森堡、瑞典、瑞士、丹麦、挪威、塞浦路斯和冰岛，美洲的美国和加拿大，亚洲的日本、韩国、新加坡、中国香港和以色列，澳洲的澳大利亚和新西兰共 28 个国家和地区；新兴市场经济体包括拉丁美洲的阿根廷、巴西、智利、哥伦比亚、墨西哥、秘鲁、乌拉圭和委内瑞拉，亚洲的中国、印度、印度尼西亚、马来西亚、菲律宾和越南，欧洲、中东和非洲的保加利亚、埃及、匈牙利、摩洛哥、尼日利亚、巴基斯坦、俄罗斯、南非、土耳其和乌克兰共 24 个国家和地区。本书选择这 52 个国家和地区的数据进行分析，样本区间为

1982~2011 年，使用年度数据。其中，经常项目差额、固定资本形成率、储蓄率、贸易条件指数、财政支出、GDP 增长率、人均 GDP 增长率和国内信贷数据来源于世界银行统计数据库；实际有效汇率数据来源于中经统计数据库；贸易开放度为进出口总额占 GDP 的比重，进出口总额数据来源于世界银行统计数据库。

如果在不同的样本点和时间，模型中的截距和斜率都是相同的，则（4-1）式可表示为：

$$B_{it}=\alpha_0+\alpha\,(CAP+SAV+TTF+REER+TRA+OPEN+GDP+PGDP+RES+LOAN)+\varepsilon \tag{4-2}$$

此时，可用简单的 POOL OLS 方法估计。

如果在不同的样本点和时间，模型中的斜率是相同的，截距是不同的，则（4-1）式可表示为变截距模型：

$$B_{it}=\alpha_{0i}+\alpha\,(CAP+SAV+TTF+REER+TRA+OPEN+GDP+PGDP+RES+LOAN)+\varepsilon \tag{4-3}$$

如果在不同的样本点和时间，模型中的斜率和截距都是不同的，则（4-1）式可表示为变系数模型：

$$B_{it}=\alpha_{0i}+\alpha_1 CAP+\alpha_2 SAV+\alpha_3 TTF+\alpha_4 REER+\alpha_5 TRA+\alpha_6 OPEN+\alpha_7 GDP+\alpha_8 PGDP+\alpha_9 RES+\alpha_{10} LOAN+\varepsilon_{it} \tag{4-4}$$

在具体分析时，需要通过协方差检验和 F 检验来确定具体的模型形式。首先使用协方差检验，如果接受了（4-2）式，就直接采用 POOL OLS 回归模型；如果拒绝了（4-2）式，则采用 F 检验对（4-3）式进行检验。如果 F 检验接受了（4-3）式，则采用变截距模型（4-3）式；如果 F 检验拒绝了（4-3）式，则采用变系数模型（4-4）式。

2. 经常项目失衡影响因素的总体分析

基于所有 52 个国家和地区的数据，利用 EViews6.0 对五个模型分别进行回归分析，结果如表 4-2 所示。

表 4-2 所有样本国家和地区经常项目失衡影响因素的实证结果

	增长因素模型	结构因素模型	内部因素模型	外部因素模型	总体模型
CAP	—	-0.873**	-0.564***	—	-1.153**
SAV	-0.372*	—	0.397**	—	0.542*
TTF	—	-0.853**	—	-0.273**	-0.347***
REER	—	-0.103**	—	-0.137**	-0.124**

续表

	增长因素模型	结构因素模型	内部因素模型	外部因素模型	总体模型
TRA	—	-1.027**	—	—	-0.667**
OPEN	—	0.001	—	-0.003*	0.002*
GDP	0.143**	—	0.127**	—	0.027
PGDP	0.132*	—	-0.141*	—	-0.139*
RES	—	-0.183*	—	—	-0.254**
LOAN	-0.003	—	—	—	0.527*
$\bar{R}^2$	0.413	0.823	0.817	0.698	0.901
F	128.66	712.82	817.03	368.43	843.24
DW	1.46	1.77	1.82	1.61	1.86

注：* 表示在 10%的显著性水平上通过检验；** 表示在 5%的显著性水平上通过检验；*** 表示在 1%的显著性水平上通过检验。

（1）总体模型回归情况。总体模型的回归结果（见表 4-2 第 6 列）表明，总体模型的 $\bar{R}^2$ 为 0.901，表明该回归模型的拟合效果很好；F 统计量表明总体模型是显著的；DW 统计量为 1.86，说明各个解释变量之间的相关性不大，模型可用。从显著性来看，在 5%的显著性水平条件下，固定资本形成率、贸易条件指数、人均 GDP 增长率、实际有效汇率、财政支出和外汇储备对经常项目失衡具有明显的影响。从系数大小来看，固定资本形成率和财政支出的回归系数较大，表明这两个因素是影响经常项目失衡的最主要因素。在总体模型中，各变量的系数与现实经济状况十分吻合。人均 GDP 增长率与经常项目逆差负相关，表明收入水平的提高会拉动消费，从而导致进口的增加，恶化经常项目；固定资本形成率对经常项目的影响是负的，投资的恢复有助于缓解经常项目顺差。

（2）增长因素模型与结构因素模型比较情况。比较增长因素模型（见表 4-2 第 2 列）和结构因素模型（见表 4-2 第 3 列）可以发现，无论从回归系数显著性、F 统计量值、$\bar{R}^2$ 统计量值还是 DW 统计量值的对比结果来看，结构因素模型的整体拟合效果优于增长因素模型。此外，在结构因素模型中，各解释变量的系数符号与总体模型一致，而增长因素模型的系数符号却与总体模型不尽相同，表明结构因素对经常项目失衡起到主导作用，也就是说经常项目失衡是各国经济结构不合理、资源配置不均衡的结果，增长因素会加剧各国经常项目的不均衡，但其作用没有结构因素显著。

（3）内部因素模型与外部因素模型比较情况。比较内部因素模型（见表 4-2 第 4 列）和外部因素模型（见表 4-2 第 5 列）可以发现，无论从回归系数显著性、F 统计量值、$\bar{R}^2$ 统计量值还是 DW 统计量值的对比结果来看，内部因素模型的整体拟合效果优于外部因素模型。此外，在内部因素模型中，各解释变量的系数符号与总体模型一致，而外部因素模型的系数符号却与总体模型不尽相同，表明内部因素对经常项目失衡起到主导作用，也就是说经常项目失衡主要是由国内经济因素导致的，国际经济因素对本国经常项目失衡的影响不大。

3. 经常项目失衡影响因素的不同类型国家分析

为了具体分析经常项目失衡影响因素的国别差异，本节将样本国家分为发达国家和发展中国家两个子样本，分别建立增长因素模型、结构因素模型、内部因素模型、外部因素模型和总体模型分析经常项目失衡的影响因素。同样使用 EViews6.0 进行分析，基于发达国家和发展中国家的实证检验结果如表 4-3 和表 4-4 所示。

表 4-3　发达国家经常项目失衡影响因素的实证结果

	增长因素模型	结构因素模型	内部因素模型	外部因素模型	总体模型
CAP	—	-0.573**	-0.734**	—	-1.127**
SAV	-0.362*	—	0.672*	—	0.529**
TTF	—	-0.134*	—	-0.269*	-0.336*
REER	—	-0.146*	—	-0.143**	-0.137*
TRA	—	-0.817**	—	—	-0.698**
OPEN	—	0.109*	—	-0.157	0.143*
GDP	0.143**	—	0.345**	—	0.027
PGDP	0.137*	—	-0.104**	—	-0.142**
RES	—	-0.163*	—	—	-0.2464**
LOAN	-0.003	—	—	—	0.546
$\bar{R}^2$	0.426	0.846	0.743	0.389	0.918
F	134.67	783.25	654.21	107.95	867.43
DW	1.505	1.794	1.663	1.312	1.928

注：* 表示在 10%的显著性水平上通过检验；** 表示在 5%的显著性水平上通过检验；*** 表示在 1%的显著性水平上通过检验。

表 4-4 发展中国家经常项目失衡影响因素的实证结果

	增长因素模型	结构因素模型	内部因素模型	外部因素模型	总体模型
CAP	—	0.119**	-1.173**	—	-1.627**
SAV	0.136*	—	0.815**	—	-0.147**
TTF	—	-0.213**	—	-0.587**	-1.437**
REER	—	-0.093**	—	-0.174**	-0.179*
TRA	—	-0.631*	—	—	0.348**
OPEN	—	0.236**	—	0.212***	0.202*
GDP	0.015**	—	0.010*	—	0.001**
PGDP	-0.017*	—	-0.073***	—	-0.062*
RES	—	-0.203*	—	—	-0.2464**
LOAN	-0.000*	—	—	—	-0.001*
$\bar{R}^2$	0.407	0.759	0.729	0.413	0.897
F	121.235	669.541	632.331	131.275	854.432
DW	1.437	1.720	1.643	1.496	1.891

注：* 表示在 10%的显著性水平上通过检验；** 表示在 5%的显著性水平上通过检验；*** 表示在 1%的显著性水平上通过检验。

（1）分样本模型拟合总体情况。无论从 F 统计量值、$\bar{R}^2$ 统计量值还是 DW 统计量值来看，发达国家和发展中国家有关经常项目失衡影响因素的实证模型总体上是显著的，模型拟合度较好。

（2）外部因素对发展中国家经常项目收支的影响要强于发达国家。无论是从外部因素模型还是从总体模型来看，外部因素对发展中国家经常项目收支的影响均要强于对发达国家经常项目收支的影响。如在发达国家外部因素模型中，在 5%的显著性水平下，只有实际有效汇率对经常项目收支具有显著影响，贸易条件指数和贸易开放度对经常项目收支均无显著影响。在发展中国家外部因素模型中，在 5%的显著性水平下，实际有效汇率、贸易条件指数和贸易开放度对经常项目收支均具有显著影响，且相比发达国家其影响程度相对较大。

（3）内部因素、结构因素和增长因素等对发展中国家和发达国家经常项目收支的影响无显著差别。分别对比发展中国家和发达国家的内部因素、结构因素以及增长因素模型，无论从系数显著性还是从系数的绝对值来看，这些因素对发展中国家和发达国家经常项目收支的影响没有明显差异。如在内部因素模型中，无论是发达国家样本，还是发展中国家样本，

只有 GDP 对经常项目收支有显著影响，储蓄率和人均 GDP 对经常项目收支均无显著影响。

总体来说，外部因素对发展中国家经常项目收支的影响要强于发达国家，而内部因素、结构因素和增长因素对两者的影响无明显差别。具体来讲，相对于发达国家而言，实际有效汇率、贸易条件指数和贸易开放度对发展中国家经常项目收支的影响程度均较大。

二、不同类型国家经常项目逆差引发金融危机的路径比较

1. 发展中国家经常项目逆差引发金融危机的路径

经常项目逆差作为反映经济基本面的重要指标，联结着金融危机的触发点和危机本身。从根本上来说，发展中国家金融危机的出现是由于经济基础无法支撑各自的发展模式，以经常项目逆差长期持续的形式出现。经常项目失衡在一开始并不必然会引发金融危机，但是持续的经常项目失衡会造成金融危机因素的累积，加大金融危机的破坏力，一旦金融危机被某种因素直接引发，将使得金融危机被缓解的可能性下降，扩大危机影响。具体来看，经常项目逆差会从以下方面加速或加深金融危机（见图 4–8）：

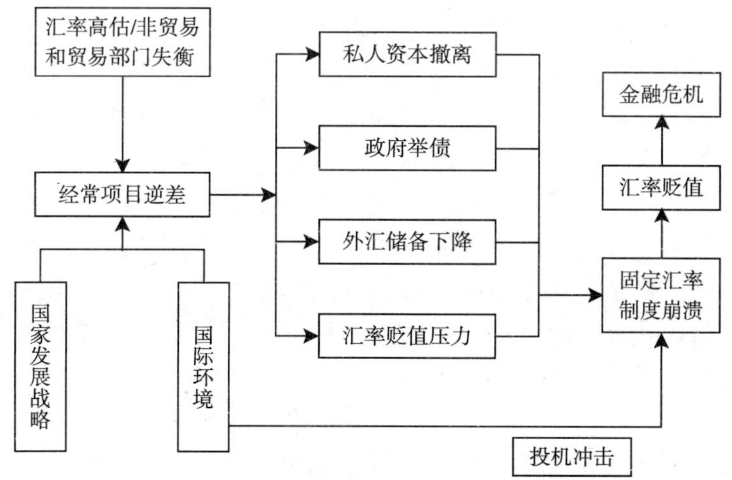

图 4–8　发展中国家经常项目与金融危机影响机制

（1）经常项目逆差给固定汇率制带来了压力并随之造成投机空间。根据汇率决定的国际收支理论，经常项目逆差反映了该国国际竞争力水平不足，从而使得本币在国际市场中面临贬值压力，而发展中国家会利用外汇储备强行将汇率保持在固定水平。发展中国家在短期内也许可以吸引足够的外国资本来填补国际贸易收支逆差，但是随着汇率高估幅度和经常项目持续恶化带来的资金缺口的不断增大，贸易账户和资本账户的不平衡很难一直维持下去，一旦投机者认定该国的固定汇率无法维持，就会发动投机攻击。因此，在固定汇率制度下，经常项目逆差会增加投机者对本币发动攻击的可能，增加本国经济运行的外部风险，导致货币危机。

（2）经常项目逆差会带来外汇储备的下降。外汇储备的稳定增长来源于经常项目顺差的持续累积，反之，持续的经常项目逆差则会导致一国对外财富的减少。外汇储备作为国际清偿能力的标志，它的下降不仅会使得该国干预外汇市场的能力有所下降，而且也会使得该国在国际市场中的融资能力降低。这些发展中国家持续的经常项目逆差导致外汇储备缩减，严重影响了本国中央银行调节外汇市场的能力，导致在面临外部冲击时无法做出有效的应对举措或是有心无力。

（3）经常项目逆差引起国际收支弥补方式的问题。经常项目逆差的弥补方式通常是要以资本和金融账户的顺差来实现，其一是政府举债，其二是私人部门融资，这些都会导致大量外资进入本国，如果一国举债的结构不合理，如短期负债占比过高，会使得资本短期流动的可能性大增。而一国外资流入的渠道如果没有得到有效控制，导致资本流入非贸易品部门，如房地产、股市等领域，就会加大经济泡沫的程度，导致经济运行的风险进一步加大，加深金融危机的破坏力。

（4）经常项目逆差持续会导致国际投资者对本国经济的信心崩溃，容易在危机期间出现资本流入的突然停止甚至是资本外逃，导致经济基本面进一步破坏，并会波及与本国经济金融结构相似的国家，使得局部危机进一步扩大化，导致区域金融危机，大大地延缓经济恢复的时间。

2. 发达国家经常项目逆差引发金融危机的路径

（1）国际投资者对本国经济的信心下降导致资本市场吸引力弱化，引发金融危机。随着经济全球化的发展，发达国家不断调整经济结构，将制造业转移到发展中国家，尤其是新兴市场经济体，其结果就是经济结构虚化，导致发达国家必须依靠进口来满足国内的消费和生产需求，进而导致经常项目逆差。长期以来，美国等发达国家凭借其相对雄厚的经济实力、发达的金融市场和不断推陈出新的金融衍生产品来吸引资本流入以弥补过度消费造成的经常项目逆差。但是，长期维持巨额经常项目逆差需要的不仅仅是稳定的政治经济环境和发达的金融市场。经常项目跨时期分析法认为，增加现期消费造成经常项目出现逆差是可以增加社会福利的，但前提是将来必须有足够的经济增长或是贸易收入来偿付经常项目逆差累积造成的外债。美国经济自网络经济泡沫破灭后就没有找到新的增长点，导致虚拟经济的不断膨胀和出口制造业的萎缩。危机爆发前美国主要依赖大量的证券资本流入（特别是资产担保证券）来填平经常项目逆差，随着金融风险的不断累积，外国投资者纷纷抛售美国债券，使得巨额的经常项目逆差无法维持下去，最终引发金融危机。

（2）公共债务过高导致经常项目逆差难以持续，进而引发金融危机。通过金融市场吸引资本流入的前提是一国需要拥有高度发达的金融市场，但目前相对发达的金融市场集中在美国、英国、德国和中国香港等少数国家和地区。对于一般的发达国家来说，其金融市场的吸引力相对较弱，更多地选择通过发行国债的形式获取资金来弥补经常项目逆差。通过发债弥补经常项目逆差的前提是负债经济行为产生的财政盈余应大于总负债的融资成本。然而，部分发达国家，尤其是欧洲国家在经常项目持续逆差的情况下，还通过高负债来提高国民福利，就会导致经常项目逆差难以持续。其中，典型的案例是希腊和葡萄牙。这两个国家在本国经济资源受限的情况下，向欧元区其他国家看齐，提高居民福利，导致政府开支过高，给财政带来巨大的再融资压力。随着经济增长速度的降低，这种单纯靠借债和资本项目融资来维持的经常项目逆差无法持续，最终引发金融危机。

美国和欧元区各国金融危机的具体情况各异，但是其共同点是实体经济的萎靡和生产率的停滞不前。美国经济自网络经济泡沫破灭后就没有找到新的增长点，而近年来欧元区的西班牙和葡萄牙等国在生产率方面更是几乎没有任何进步，造成经常项目逆差不可持续。

3. 发达国家和发展中国家经常项目影响金融危机的不同之处

不论是发达国家还是发展中国家，经常项目逆差引发金融危机的根本原因都是国内经济失衡造成的对外部资金的依赖和外债的累积，但是经常项目逆差在发展中国家和发达国家对金融危机的影响却不尽相同。

（1）经常项目逆差引发金融危机的起点不同。不论是发达国家还是发展中国家，经常项目逆差引发金融危机的根本原因都是经济失衡，但就发达国家而言，其经常项目逆差引发金融危机的起点是本国经济增长乏力，生产率停滞不前，经济过度虚拟化、泡沫化，导致其资本项目的资金流入无法弥补经常项目逆差，进而引发金融危机；而就发展中国家而言，其经常项目逆差引发金融危机的起点则主要是汇率变动及国际资本流动的冲击。发展中国家资本存量较低，大都面临投资资金不足的限制，需要依靠大量的外商投资来发展经济。但是，外商投资资金的稳定性相对较差，在本国经济放缓，或者本身经济没有出现明显问题而中心国家经济情况发生变化的情况下，都有可能出现国际资本流入突然停止甚至逆转的情况，进而引发金融危机。从上文对各个国家危机情况的分析可以看出，墨西哥金融危机的爆发在某些程度上受到了美国利率上升的影响，而东南亚金融危机的爆发也与美国利率的上升和日本以及中国汇率的贬值有着密不可分的关系。简单来说，发达国家经常项目逆差引发金融危机的起点主要是本国经济增长乏力，而发展中国家经常项目逆差引发金融危机的起点则更容易受发达国家经济情况如利率和汇率等因素的影响。

（2）汇率制度差异。就发展中国家来说，为了抑制通胀和促进出口，多数国家采取了钉住美元的固定汇率制度，但是在经常项目持续逆差的情况下，这种汇率制度会带来汇率贬值的巨大压力。从危机教训来看，这些国家不得不先后放弃固定汇率制度，转而实行浮动汇率制度，可以说，固定汇率制度使得这些国家更加容易受到投机冲击，受到危机的影响也就更大。对发达国家来说，几乎都实行浮动汇率制度，该制度的优势在于可以根据国际贸易情况灵活地调整汇率，减少了国际游资利用实际汇率与均衡汇率之间的差异进行投机的空间。这也在一定程度上解释了为什么经常项目逆差引发的货币危机大都发生在发展中国家。简单来说，汇率制度的差异使得发展中国家的货币更容易受到投机冲击，发达国家则可以通过灵活地调整汇率减少投机空间。

（3）经常项目无法持续时资本撤离情况不同。一般来说，发达国家的经济实力比较雄厚，当经常项目失衡不可持续时，发达国家会把境外资本调回本国，通过资本项目的资金回流来弥补经常项目逆差，改善其国际收支状况，使其经常项目逆差得以持续。

2007 年次贷危机爆发，美国资本流动形势发生了巨大变化，但是与发展中国家危机爆发时所有外资迅速撤离的情况并不相同。首先，流入美国的证券投资大幅下降，在 2008 年流入美国的证券投资资本一度不足以弥补美国的经常项目逆差，这说明美国也遭遇了以往被认为只出现在新兴市场国家的资本流入骤停（Sudden Stop）情况，只不过没有发展中国家严重。外国投资者对国债以外的长期证券的购买量在 2008 年上半年几乎为零，到了 2008 年下半年危机深化时外国投资者更是开始了大量抛售，其中公司长期债券，尤其是资产担保型证券遭受的冲击最大。2006 年以公司债券投资形式进入美国的外国资金有 5000 亿美元，2007 年上半年也高达 3500 亿美元，而 2007 年下半年到 2008 年末的净流入仅有 500 亿美元。与公司证券相比，股票证券资本流动逆转的程度较轻，2007 年下半年的股票资本流入仍维持了一定规模，甚至在 2008 年第三季度美国股市暴跌时期，股票资本的净流出情况也并不是十分严重。在外国投资者减少对美元资产购买的同时，从 2008 年下半年开始美国投资者也撤回了大量海外投资，从一定程度上弥补了经常项目逆差造成的国际收支缺口。另外，值得注意的是，出于避险因素，次贷危机爆发后外国官方投资者和私人投资者反而加大了对美国国债的购买量。2008 年 10 月，外国私人投资者购买的美国国债达到了史上最高的 930 亿美元。2007 年年中到 2009 年年中，外国投资者购买的美国国债高达 1 万亿美元，外国投资者持有的美国国债总量高达 3.4 万亿美元。

相对来说，发展中国家的经济实力比较弱，难以灵活地掌控国际资本，一旦资本开始撤离就是全方位的全面撤离，而且一般发展中国家也没有太多的海外资金可以用于救急，使得本国经济金融的稳定性更加容易受到国际大环境的影响。

（4）经常项目逆差的弥补方式不同。一般来说，发达国家的金融市场比较发达，可以通过金融市场吸引资本流入或者发债等途径为经常项目逆差融资，而发展中国家经常项目逆差的弥补途径相对匮乏，主要通过政府举债和民间融资等方式来融资。此外，即便都采用发债来弥补经常项目逆差，但发达国家的经济实力相对较强、信用评级相对较高，使得发达国家能够以更低的利率、更方便地在国际市场上融资，这也是发达国家经常项目逆差持续的时间相对较长的另一个原因。简单来说，发达国家弥补经常项目逆差的方式较多，而发展中国家经常项目逆差的弥补途径相对匮乏，且融资成本相对较高。

（5）货币兑换风险不同。就发达国家来说，其货币一般都是强货币，可以在国际金融市场上自由、方便地兑换，可以便捷地为其经常项目逆差融资，或者直接在国际金融市场上用本币融资、用本币还债（以美元最为典型）。但是，对于发展中国家来说，这些国家普遍面临债务货币错配问题。当经常项目逆差导致国际收支失衡、国际资本大量逆转流出时，发展中国家需要用本币兑换成外币还债，存在货币兑换的风险。尤其是在本币大幅贬值的情况下，以外币计值的债务会加大本国的债务负担。简单来说，发达国家如西班牙、希腊的债务大部分都是以欧元计价，而美国更是可以简单地通过增加货币发行来将本国的债务成本转嫁给债权国，相反发展中国家面临的货币兑换风险就大得多。

第四节　经常项目逆差对金融危机影响的实证分析

为更好地了解诱发金融危机的影响因素，尤其是重点分析经常项目逆差扩大是否增加本国金融危机发生的可能性，本书将利用多国面板数据并基于 Logit 模型来分析经常项目逆差对金融危机的影响，估计金融危机发生的相对概率。

一、研究框架

本节主要是利用多元 Logit 模型分析经常项目逆差持续扩大对金融危机的影响。其中，金融危机发生与否是一个相对概率，可以用虚拟变量 Y 来表示，Y = 1 表示发生了金融危机，Y = 0 表示没有发生金融危机。X_{it} 是一个 $n \times 1$ 维的变量集，也是金融危机 Y 是否发生的条件变量集，是 i 国 t 时刻发生金融危机的条件变量。分布函数 P_{it} 表示 i 国在 t 时刻发生金融危机的概率，这是一个关于 X_{it} 的函数，可以表示为 $P_{it}=E(Y_{it}=1|X_{it})$。

在 Logit 模型中，假定遵从 Logistic 分布，即 $P_{it}=1/(1+\exp(-\beta'X_{it}))$。其中，β′为 $n \times 1$ 维的参数向量。

$P_{it}/(1-P_{it})$表示金融危机发生的概率。对 $P_{it}=1/(1+\exp(-\beta'X_{it}))$ 的两边同时取对数可得：

$$Ln(P_{it}/(1-P_{it}))=\beta' X_{it}$$

这是一个多元 Logit 模型。该模型参数的含义是：当条件变量集中的变量 X_{it} 发生单位变化时，发生金融危机的概率会产生什么变化。如果模型参数是正数，表示变量 X_{it} 会引发金融危机。

一般来说，多元 Logit 模型需用极大似然法来进行估计，通过极大化以下似然函数来估计模型参数：

$$LnL=\sum_{t=1}^{T}\sum_{i=1}^{n}(Y_{it}\ln P_{it}+(1-Y_{it})\ln(1-P_{it}))$$

二、变量选择及数据来源

从前文分析可以看出，金融危机主要受内部因素和外部因素的影响。就内部因素而言，分析墨西哥、泰国、印度尼西亚、马来西亚、菲律宾等发展中国家和美国、西班牙、希腊等发达国家金融危机前后的数据可以发现，大部分金融危机发生国在危机发生前出现明显的经常项目逆差扩大和经济下滑。就外部因素而言，金融危机的影响范围呈现出单个国家向某个区域甚至全球蔓延的趋势，表明危机通过经贸、金融联系在国际间传递。因此，本节主要选取金融危机变量（用 FC 表示）、经常项目逆差变量（用 B 表示）、经济增长（用 G 表示）和国外金融危机变量（用 FFC 表示）进行分析。其中，金融危机变量和国外金融危机变量均为虚拟变量。当发生金融危机时，金融危机变量取值 1，否则取值 0；当国外发生金融危机时，国外金融危机变量取值 1，否则取值 0。经济增长变量采用各国 GDP 增长率，反映该国经济增长情况。经常项目逆差变量为各国经常项目逆差占 GDP 的比重，反映该国经常项目的可持续状况。

Reinhart 和 Rogoff（2012）系统地整理了近 800 年来发生过货币危机、银行危机和主权债务危机的国家及危机发生的年份，本书以此数据库为基础，从中收集 1975~2010 年[①] 发生过金融危机的国家的相关数据进行分析。根据本书对金融危机的定义，金融危机包括货币危机、银行危机和主权债务危机。金融危机变量（包括国外金融危机变量）数据来源于

① Reinhart 和 Rogoff（2012）系统地总结了 1970~2010 年发生过金融危机的国家及危机持续的时间。限于数据可得性，本节采用的样本数据时间区间为 1975~2010 年，没有扩展到 2011 年和 2012 年。

Reinhart 和 Rogoff（2012），经常项目逆差变量和 GDP 增长率数据均来源于世界银行统计数据库。考虑到数据的可获取性，本书以 20 世纪 70 年代以来阿尔及利亚、安哥拉、阿根廷、澳大利亚、奥地利、比利时、玻利维亚、巴西、加拿大、中非、智利、中国、哥伦比亚、哥斯达黎加、科特迪瓦、丹麦、多米尼加、厄瓜多尔、埃及、萨尔瓦多、芬兰、法国、德国、加纳、希腊、危地马拉、洪都拉斯、匈牙利、冰岛、印度、印度尼西亚、爱尔兰、意大利、日本、肯尼亚、韩国、马来西亚、墨西哥、摩洛哥、泰国、突尼斯、土耳其、英国、美国、乌拉圭、赞比亚、津巴布韦共 47 个爆发过金融危机的国家和地区为样本。

三、实证检验分析

本节采用 STATA11.0 进行检验，检验结果（见表 4-5）表明，经常项目逆差变量和经济增长变量在 1%的显著性水平上通过检验；国外金融危机变量没有通过检验，而且经常项目逆差与金融危机正相关，经济增长与金融危机负相关。具体来说，经常项目逆差是引发金融危机最直接的影响因素，经常项目逆差占 GDP 比重每上升 1 个百分点，金融危机发生的相对概率将会增加 45.9%；国内经济增长率每下滑 1 个百分点，金融危机发生的相对概率将会增加 31.7%。经常项目逆差占 GDP 比重上升意味着一国经济失衡的加剧，这会影响该国经常项目逆差的可持续性，导致该国难以偿还债务，甚至受到国际资本的冲击；而经济增长放缓会导致企业之间的账款相互拖欠逐步出现，并向银行系统渗透、蔓延，形成银行危机爆发的潜在风险；同时，经济下滑也导致政府财政收入减少，削弱政府偿债能力，从而引发债务危机。由此可见，经常项目逆差是导致金融危机发生概率上升的原因。

表 4-5　经常项目逆差与金融危机关系的 Logit 模型计量结果

B	G	FFC
0.459***	-0.317***	0.093
Log likelihood = -73. 149，Wald chi2(4) = 18.31，Prob > chi2 = 0		

注：* 表示在 10%的显著性水平上通过检验；** 表示在 5%的显著性水平上通过检验；*** 表示在 1%的显著性水平上通过检验。

第五节　本章小结

首先，本章以墨西哥、泰国、印度尼西亚、马来西亚和菲律宾为发展中国家的代表，以美国、西班牙、希腊、葡萄牙和爱尔兰为发达国家的代表，具体分析了经常项目逆差在各个国家引发金融危机的原因和现实过程。

其次，本章从经常项目失衡的影响因素和经常项目逆差引发金融危机的路径两个方面进行分析，系统地比较了经常项目逆差引发发达国家和发展中国家金融危机的机制。从不同类型国家经常项目失衡的影响因素来看，不论是发达国家还是发展中国家，结构因素和内部因素对经常项目收支的影响都比增长因素和外部因素对经常项目收支的影响大，这不但再一次说明了经常项目逆差的根本原因是经济结构失衡，也有力地驳斥了“全球储蓄过度供应说”；相对来说，外部因素对发展中国家经常项目收支的影响要强于发达国家，而内部因素、结构因素和增长因素对两者的影响无明显差别。在具体的影响因素中，相对于发达国家而言，实际有效汇率、贸易条件指数和贸易开放度对发展中国家经常项目收支的影响程度均较大。从不同类型国家经常项目逆差引发金融危机的路径来看，不论是发达国家还是发展中国家，经济失衡都是导致金融危机的根本原因，但是发达国家经常项目逆差难以持续的主要原因是经济增长乏力和经济过度泡沫化造成资本项下的资金流入无法弥补经常项目逆差，更多的是由于本国经济的问题；而发展中国家一方面比较容易受外部因素如发达国家汇率或利率变动的影响，另一方面由于发展中国家的固定汇率制在经常项目长期逆差的情况下非常容易引发投机攻击，因此发展中国家危机的爆发点主要是汇率失衡及国际资本流动的突然逆转。一般来说，当经常项目失衡不可持续时，发达国家可以把境外资本调回本国来改善其国际收支状况，而且由于发达国家的经济实力雄厚，在危机发生时投资者出于避险动机甚至会增加对发达国家国债的购买，资本流动突然逆转的现象并不严重。相反，发展中国家的经济实力比较弱，一旦资本开始撤离就是全方位的撤离，而且一般也没有太多的海外资金可以抽调，因此危机对经济产生的破坏性影响也就更大。发达国家为经常项目逆差融资的途径比发展中国家更多样化，这就表现为发展中国家经常项目逆差持续的时间普遍比发达国家短。发达国家为经常项目逆差融资所借的外债一般以本国货币计价，而发展中国家经常项目逆差累积造成的外债一般都是以美元等国际货币计价，一旦资本撤离，本国货币大幅贬值，其债务负担将大幅增加。总的来说，国际资本流动，尤其是投机冲击在引发和加速发展中国家金融危机的过程中发挥着不可或缺的作用，但国际资本流动在发达国家经常项目逆差向金融危机演化的过程中发挥的作用相对较小。

最后，本章以 20 世纪 70 年代以来 47 个爆发过金融危机的国家和地区为样本，基于 Logit 模型来分析经常项目逆差对金融危机的影响。研究结果表明，经常项目逆差是引发金融危机最直接的影响因素，经常项目逆差占 GDP 比重每上升 1 个百分点，金融危机发生的相对概率将会增加 45.9%；国内经济增长率每下滑 1 个百分点，金融危机发生的相对概率将会增加 31.7%。因此，经常项目逆差是导致金融危机发生概率上升的原因。

第五章　经常项目失衡的可持续性

一国经常项目逆差的发生和长期持续存在，会累积经济运行的内外部风险。如果经常项目逆差无法通过资本项目或金融项目等渠道获得合理的解决或缓释，该国国际收支的结构必将失衡，进而对国内经济产生负面冲击。从金融危机历史经验来看，经常项目逆差并不必然会导致金融危机的发生，但会酝酿危机的风险，当遭遇到外部冲击或者极端事件时，就可能会加速金融危机的到来。对于发达国家而言，由于其经济基础和金融环境较好，可以通过多种手段减轻经常项目逆差的影响。例如，美国面临着长期巨额的经常项目逆差，但是由于美国发达的金融市场吸引了资本流入，以资本项目的合理流入补偿了经常项目的不足，维持了美国经济的正常运行。但对于发展中国家而言，经常项目持续逆差却是一个巨大的挑战，如何消除经常项目逆差的累积风险，各国采取的政策方法并不一致，其中一些不合理的调节方式加速了金融危机的到来，并加深了金融危机的影响。本章就经常项目失衡的可持续性问题进行研究。

第一节　“好的失衡”和“坏的失衡”

一、“好的失衡”和“坏的失衡”的概念

经常项目跨时期动态分析理论指出，追求单期静态外部均衡的政策导向并非必须和有效，经常项目失衡可以是经济发展内部均衡的动态调整的结果。在跨时期分析框架下，对于经常项目失衡的性质是从长期动态的视角来进行判断的。Blanchard（2009）认为经常项目失衡的好坏取决于造成失衡的

具体因素，并将其分为“好的失衡”和“坏的失衡”。“好的失衡”反映了时间和空间上最优资本配置的失衡；“坏的失衡”则分为内部扭曲、系统扭曲、内部风险和系统风险四种情况。下面从这一视角对失衡进行具体分类分析。

二、“好的失衡”的表现

“好的失衡”是在长期内一国消费投资的最优决策。例如，经常项目逆差可以是动态的前瞻性储蓄投资决策的最优化结果，非但无害，而且还可以达到增加社会福利的效果。具体来看，“好的失衡”通常具有以下表现：

1. 经常项目的失衡状况与经济发展阶段相一致

从长期来看，经常项目的“好的失衡”应当表现出阶段性的顺差或者逆差，或者在某一时期内顺差或逆差的规模不断缩小。经常项目的失衡状况，通常与一国的经济周期相适应，在经济高涨时期，随着投资和消费的快速发展，经常项目通常会延续其之前的发展趋势，保持顺差或逆差，并且有继续扩大的趋势。而在经济衰退期，由于经济运行的动力不足，消费和投资的意愿下降，国内生产不足，对外贸易难以打开局面，导致经常项目的顺差可能反转为逆差，而如果之前是存在经常项目逆差，其规模也会缩小。以澳大利亚为例，该国已经连续维持了38年的经常项目逆差，却没有发生重大金融危机或经济危机。2003年后，新兴经济体国家的工业化和城市化进程带来了对煤炭和铁矿石资源需求的上升，澳大利亚的经常项目逆差通过流向采矿业等贸易部门，或是增加公共部门的资本存量的方式弥补，也即意味着投资上升，与经济发展的结构相一致，使得逆差并未对澳大利亚的经济造成危害。

2. 暂时性经常项目失衡情况下，经济前景明朗

当一国经常项目出现阶段性或暂时性失衡，如果该国的经济结构基础良好，具有明朗的经济前景，那么这个阶段的失衡可以被认为是“好的失衡”。一是贸易品部门和非贸易品部门的产业结构、人员结构未发生明显变化，只是因为经济发展政策或者外部环境的突然变动引起经常项目失衡，那么这种失衡可以相对容易地被纠正，又或者是资源配置的效率进一步提升，更加有利于经常项目的结构性调整。例如，中国在2003年经常项目的顺差有所收缩，是因为经济发展战略的调整。二是该国经济仍然具有较高的边际资本回报率。根据新古典经济增长模型，资本应该由资本劳

动比较高、全要素生产率（TFP）增长缓慢（多为发达国家）的国家流向资本劳动比较低、TFP增长较快的国家。从全球范围来看，资本输入国多为发展中国家，它们通过开放境内市场的方式吸引外资进入，实现出口导向、出口替代等发展战略，以扩大出口实现经常项目顺差，这样既能够使发展中国家实现更快的经济增长，也有利于发达国家通过增加对外投资而不是现期消费的形式实现跨时期消费平衡，体现了资源的有效配置。

3. 经济发展的资金来源充足，投资储蓄转化链条完善

从三部门宏观经济模型 CA=X-M=S-I 来看，储蓄行为是决定经常项目失衡状态的重要因素。在高储蓄率的国家，国民储蓄行为有利于维持经常项目的持续顺差，尤其是在当前全球老龄化的背景下，为了保障年老后的生活，很多国家国民的储蓄动机增强，该国的储蓄率也会随之上升，在这样的背景下，该国在与储蓄率低于本国的贸易对手进行交易时，通常会实现贸易顺差。例如，中国长期保持较高的国民储蓄率，远高于世界其他国家，20世纪90年代初国民储蓄率就达到35%，到2005年进一步升至51%，而全球平均储蓄率仅为19.7%。中国长期的高储蓄率一方面导致低的消费倾向，减少了对进口产品的消费；另一方面也增加了可供再投资的资金来源，为扩大国内生产，进一步增强出口竞争力奠定了基础，导致在对外贸易中赢得顺差的地位。

4. 吸收外资的期限结构和区域结构良好

经常项目失衡不可避免地会影响到资本项目的状况，而资本项目构成的合理性可以大大减少在经常项目失衡状况恶化的情况下被国际资本冲击的压力。资本项目尤其是证券投资的流动性极大，容易受到国内政治经济形势和外部环境的影响。因此，在引入外资的过程中，良好的期限结构和区域结构有利于保持经常项目的稳定性。以美国为例，美国成熟完善的金融市场提供的金融工具具有品种广泛、流动性便利等特点，能够提供保值增值的金融资产，吸引全球投资者进入美国市场，而同时也弥补了美国的巨额经常项目逆差，从而维持了国际收支的平衡。

5. 政府财政状况良好，私人部门经济活力充足

经常项目“好的失衡”必然会要求经济基础稳健良好，而这就要求政府部门和私人部门运作良好：政府财政实现周期性预算平衡，私人部门投资和储蓄状态合理。20世纪80年代后期，英国财政大臣 Nigel Lawson 曾指出由私人部门行为造成的经常项目逆差都是好的失衡——“Lawson

Doctrine"[①]，认为经常项目逆差反映了私人部门储蓄和投资的最优选择，政府并没有理由干预，政府只需要保证私人部门行为没有因为政府政策影响而发生扭曲。相反，他认为由政府部门造成的经常项目逆差却有可能是无效率的，因此只要政府财政管理得当则不需要为经常项目逆差担忧。这一观点是有局限性的，因为现实中市场是不完全的，很多因素都可以造成居民或公司行为的扭曲，因此没有理由认为私人部门总能做出最优选择，但是良好的政府财政状况确实可以显著减少金融危机尤其是主权债务危机发生的可能性。以澳大利亚为例，迄今为止，澳大利亚已经连续维持了38年的经常项目逆差，却没有发生重大经济危机，其原因是2005~2011年澳大利亚政府财政状况一直呈盈余状态，显著优于其他逆差国家，而私人部门经济也活力充足，由于中国等亚洲国家的工业化和城市化进程带来了对煤炭和铁矿石资源的大量需求，澳大利亚采矿业投资从私人部门投资的12.2%上升到了近25%，成为了拉动澳大利亚出口以及经济增长的主要支柱，因此澳大利亚发生危机的可能性也相对较小。

三、"坏的失衡"的表现

经常项目"坏的失衡"是一国在利用国内外资源无法实现在长期内最优的资源配置，导致经常项目失衡持续向逆差或者顺差方向扩大，造成经济扭曲发展和风险上升。具体来看，表现在以下方面：

1. 国内经济结构失衡引起的经常项目失衡

国内经济结构失衡反映出该国经济发展风险较高，而且调整的时间更长，导致已经出现的经常项目失衡的持续。具体来看，表现在以下方面：

（1）产业结构不合理，经济基础薄弱。经常项目逆差反映出该国商品在国际市场的竞争力较弱，或者成为外商投资企业的"代工厂"，造成资源在产业部门之间的配置不均衡。来自结构性失衡的影响是持续的，也是十分难以调整的。产业结构不合理导致经常项目失衡一旦产生，就必然会持续相当长的时间，需要一国动用巨大的国内资源予以纠正。在东南亚金融危机之前，泰国的宏观经济结构已经失衡，一是能源交通基础设施严重

① 该观点由 Nigel Lawson 在 IMF 和世界银行 1988 年的年度会议提出，当时英国的经常项目赤字占GDP的比重由1986年的1%上升到了1989年的5%。

不足；二是工业中劳动密集型加工业比重过大，泰国的出口产品主要是农产品和附加值低的劳动密集型产品，劳动生产率低，而其劳动成本比邻国高出 2~3 倍；三是金融部门泡沫严重，证券和房地产市场的投机气氛十分浓厚。产业结构配置不合理，导致泰国经济基础实际上已经十分脆弱，在遭遇外部投机冲击后快速地影响到了经济体本身，造成金融危机恶化并迅速蔓延到经济结构相似的其他东南亚国家。

（2）部门结构不合理，非贸易部门投资过高。经常项目盈亏体现出一国商品在国际上的竞争力，而在贸易部门和非贸易部门合理的资源分配是充分发挥该国比较优势的关键所在。经常项目失衡通常也表现在贸易部门和非贸易部门的结构不合理，非贸易部门投资过高，通常表现为经常项目逆差，反之亦然。当资本更多地投向非贸易部门，如房地产和金融部门，那么很容易造成经济脱离实体，导致经济发展泡沫加重，呈现“非理性繁荣”。例如，美国长期保持经常项目逆差，占据全球逆差的 70%，由于周期和税制结构等原因，流入的资本并没有被用于对设备设施的投资，而是被用于建筑和房地产业，推动房价上涨，而上涨的房价通过财富效应又将进一步带动消费，使经常项目持续恶化。

（3）出口导向型战略持续深入，未能及时调整。在促进对外贸易发展的过程中，很多国家都采取了出口导向型的国家战略，通过刻意压低汇率并抑制内需的政策来刺激出口，抑制进口，以实现经常项目顺差。这种策略往往是针对初级产品的出口，但是当存在同样策略的国家间出现竞争时，经常项目就会很容易出现失衡。例如，泰国 20 世纪 80 年代以来实施了出口导向发展战略，将工业集中在劳动力密集型产业上，使得泰国经济保持了年均增长率 8%以上的高速增长。在 1997 年东南亚金融危机之前，东南亚国家的发展模式是相近的，它们之间的产品的竞争性很强，但是它们在面临成本上升期时没有进行有效的调整，产业结构未实现阶梯形进步，尤其是在 1994 年中国汇率制度改革以后，给东南亚国家带来了巨大压力，经常项目的逆差进一步扩大。

2. 金融结构不完善引起的经常项目失衡

（1）不合理的储蓄行为抑制投资和消费。一是过高的储蓄率与经济发展不相适应。过高的储蓄率可能是因为该国的社会保障体系并不完善，导致国民的预防性储蓄动机明显增加，从而不利于国民消费，导致刺激内需的宏观经济政策无法有效实施，拖累了政府为改变经常项目失衡状况的努力。例如，中国政府采取了降低关税等刺激进口的策略，但是由于没有建立起完善的社会保障体系，居民医疗、养老问题突出，导致中国仍然保持了极高的储蓄率，使得经济政策的微观传导机制不畅，政策效果无法显现。二是储蓄过低也不利于经济保持稳定发展。国民储蓄过低，一方面，意味着该国国民消费倾向较高，但消费本身并不能带来总收入的变化，而在跨时期预算约束没有变化的情况下当期的过度消费只能导致未来消费的大幅下降；另一方面，国民储蓄过低也导致经济发展的资金不足，国内生产相应地会受到抑制，从而使该国大量进口国外商品，导致经常项目逆差。由于国内资金不足，政府会扩大对外举债，以实行积极的财政政策来推动经济发展，而根据凯恩斯理论，积极的财政政策会有效刺激居民的消费需求，进一步降低国家储蓄，导致经常项目逆差扩大。

（2）金融监管缺失引起的泡沫经济。经常项目失衡，尤其是逆差，本国政府往往会通过刺激性的经济政策来促进经济发展，加大出口，以期望改变逆差的地位。但是，刺激政策主要是以促进投资和消费的形式出现，辅之以金融部门的信贷支持。而逆差已经造成制造业的萎靡，产业的调整和发展需要一段时间，国内商品的生产要在国际市场取得优势也需要时间，刺激消费的政策往往会出现偏差，导致部分信贷资金转向了房地产、股市等利润更高的虚拟经济。另外，在吸收外资的过程中，外资也可能会将资金转向投机性强的虚拟经济部门，导致经济增长的“去实体化”十分明显。在缺乏有效金融监管的背景下，这些投机资金肆无忌惮地进行着各类高风险投机活动，利用担保、衍生品等金融手段营造过度的投机气氛，结果使得金融部门的债务纠缠难以明晰，一旦某个环节出现问题，将会造成持续性的金融动荡。

（3）本币定值过高，固定汇率制度风险较高。汇率在调节国际收支方面具有重要作用，过高定值的汇率往往会加大经常项目逆差的压力，尤其是在固定汇率制下，本币定值过高与经济基础相背离，更加容易引起国际投机资本的冲击，如果没有充足的外汇储备和有效的经济政策，固定汇率制将很难维持。例如，东南亚金融危机期间，泰铢定值严重高估，并没有反映泰国的实际经济情况，并对出口部门产生负面影响。当泰铢遭到投机攻击时，泰国银行用以稳定泰铢的外汇储备不足，导致泰国宣布放弃固定汇率制，随后曼谷外汇市场泰铢对美元的汇率快速下跌 20%。

3. 资本流动导致外部风险上升

（1）对外债务结构不合理。造成经常项目失衡的因素也有可能与其他扭曲因素相互影响，造成无效率的结果或增加风险，其中最明显的是来自外部因素的冲击。一是对外举债发展经济的策略风险较大。大量资本的流入会带来实际汇率上升，造成制造业活动的挤出，出现荷兰病[①] 的现象，但是出口结构的调整需要较大的成本，而且会使得将来面临着较大的偿债压力。在这种举债发展的策略下，经常项目逆差通过境外资本的输入予以弥补，加大了对境外资本的依赖，一旦投资者情绪发生改变，资本迅速撤离，将会引起债务—通货紧缩效应[②]，造成破坏性影响。二是对外债务的结构不合理。外债的结构安排直接关系到一国偿债的期限构成，必须根据本国经济发展的实力来进行举债。通常而言，对外债务应当以层次性的长期债务为主、短期债务为辅，在资本项目下对应着直接投资和证券投资。如果为了弥补经常项目失衡而大量引入短期的证券投资，那么就会极大地加剧短期偿债风险，因为证券投资容易受到影响投资信心因素的影响，如本国经济发展趋势、国际金融市场信息等，使得本国经济运行的外部风险加大。20 世纪 80 年代东南亚国家的发展过程中，不乏通过大举借债的方式来弥补经常项目逆差，但是由于期限结构不合理，短期负债过大，从而面临着很大的短期偿债风险，导致泰国金融危机爆发后，又迅速传导到其他东南亚国家。

（2）外汇储备不足，清偿能力有限。外汇储备是一国在国际市场融资能力的重要保证，合理的外汇储备规模既能保障本国在国际上以较低的资金成本快速筹措到资金，也能有效地利用外汇储备为国内经济服务。但是，如果外汇储备不足，那么本国的偿债能力就会受到国际投资者的严重质疑，甚至在微小变动的情况下，都有可能造成国际资本的快速逃离，从而对本国经济产生严重的负面冲击，会使得本国吸引外资发展经济的计划受阻，导致经常项目逆差的规模扩大，加大发生金融危机的风险。

---

① 荷兰病指一国特别是中小国家经济的某一初级产品部门异常繁荣而导致其他部门衰落的现象。

② 债务—通货紧缩理论是指经济主体的过度负债和通货紧缩会相互作用、相互增强，从而导致经济衰退甚至引起严重的萧条。

第二节 经常项目顺差都是“好的失衡”吗

一、经常项目顺差的一般分析

经常项目顺差表明一国的商品和服务在国际市场中具有较强的竞争力，使其出口总额大于进口总额。从长期动态分析的角度来看，经常项目顺差更加偏向于“好的失衡”，因为它的“可持续性”更高，顺差使得国内政策能够更加灵活地调整应对，从而在长期内实现更优的资源配置均衡，但是，不是所有的经常项目顺差都是“好的失衡”。下面将对此进行具体分析。

1. 经常项目顺差的益处

（1）经常项目顺差有利于促进经济增长。经常项目顺差对于进出口占比较高的国家，尤其是实施出口导向型战略的国家具有重要意义。一是经常项目顺差能够直接刺激经济增长。顺差意味着国际市场对本国产品的需求增加，从而能够刺激国内生产部门扩大投资，进一步加大生产，在贸易乘数的推动下，实现经济规模加快增长。二是经常项目顺差能够支持国内扩张性政策的持续。从宏观经济的内外均衡来看，顺差作为外部盈余，能够弥补国内因扩张性政策带来的财政赤字，从而实现本国宏观经济的总量均衡，保持经济的稳健发展。三是经常项目顺差能够提升外国资本对本国的信心。经常项目顺差表明该国生产部门的经济效益良好，从事贸易产品生产的投资报酬率较高，显示该国经济发展较好，增强国际资本对该国的信心。这将吸引国际资本进入，尤其是以外商直接投资的形式进入，一方面，外商直接投资的进入会直接形成该国国内的投资需求，直接推动资本品的再投资，在乘数效应的作用下促进经济发展；另一方面，外商直接投资会带来更加先进的技术和管理经验，从而提高本国经济发展质量，进一步提升本国生产的产品的竞争力，有利于经常项目顺差地位的维持。

（2）经常项目顺差能够增加外汇储备，增强抗风险能力。经常项目顺差的直接结果就是该国拥有的境外资产不断累积，从一国的层面来看就是外汇储备的增加。一是充足的外汇储备显示出该国的综合国力，表明该国具有坚实的清偿能力，能够增强国际投资者对该国的信心，提升该国的国际信誉，降低该国在国际市场上的融资成本，增加获得国际融资的渠道和方式，从而提高该国对外融资的能力，更加有利于吸引外资进入。二是充足的外汇储备使得中央银行能够有效干预国际市场，使得本国汇率维持在合意的既定目标范围内。固定汇率制或有管理的浮动汇率制度需要由中央银行动用外汇储备在外汇市场进行调节，保持外汇市场的稳健运行。对于固定汇率制度而言，充足的外汇储备在与国际游资冲击相斗争时更加重要，如 1997 年东南亚金融危机中，由于经常项目常年逆差无法积累足够的外汇储备，泰国很快在国际炒家的冲击中被迫放弃固定汇率制，而中国香港则在中国大陆雄厚的外汇储备支持下，运用大量外汇储备干预外汇市场，最终击退了国际炒家的投机炒作。

2. 经常项目顺差带来的问题

一般来说，经常项目顺差的维持较难，而一国也不宜长期出现较高的经常项目顺差。由于顺差的出现是国内资源的快速利用和国外消费能力向国内转移，通常会带来诸如资源消耗过快、贸易摩擦、输入型通货膨胀等问题，下面将进行细致分析。

（1）经常项目顺差给汇率带来升值压力。经常项目顺差意味着国内居民对境外经济主体的债权增加，必然会形成以某种国际货币标价的资产。对于无论是否为国际货币的国家，顺差必然会导致本国居民将从贸易获得的外币转换为本币，这就会使得外汇市场的外币供给增加，本币的需求增加，导致本币面临升值的压力，这在经常项目持续顺差的状况下十分明显。例如，中国自 1994 年以来持续保持顺差，境外对于人民币升值的呼声很高，即便是在 2005 年实行有管理的浮动汇率制度的情况下，截至 2012 年末，人民币对美元累计升值也已超过 30%。经常项目顺差引起的汇率升值，反过来又会影响到经常项目平衡状态，在满足马歇尔—勒纳条件的情况下，汇率升值将会抑制出口，刺激进口，从而缩小经常项目顺差的规模，逐渐使经常项目走向平衡甚至反转为逆差。

（2）经常项目顺差导致经济结构不健全。经常项目顺差，尤其是持续顺差的状态，一方面直接导致本国的对外依存度不断提高，另一方面外国资金也大量进入本国贸易部门，导致过多的资源投放到贸易部门，经济结构出现扭曲，非贸易部门尤其是与民生息息相关的部门无法得到有效发展，导致本国经济结构难以调整。具体来说，一是国内资源被国外利用，并且强化了本国经济对国际市场的依赖性，各种资源被出口部门过度利用，而出口的数量和结构受制于国际市场需求，使本国经济的脆弱性加大，一旦出口受挫，本国经济很容易陷入萧条。二是吸引外资的成本较高。外商直接投资进入本国市场，是为追逐较高的资本回报率，直接利用本国的各种资源进行生产，不但其产品要占领本国市场，而且会将其利润汇回母公司。三是挤压民族经济发展的市场空间。国内市场的外资企业利用技术和成本优势，快速抢占本国市场，导致本国民族产业的发展滞后，甚至可能会控制本国的关键产业和部门，导致本国经济发展受制于外国资本，经济发展缺乏自主性，政府出口结构调整政策难以有效地发挥作用，进一步影响国内经济结构的调整。以中国为例，外资企业在出口中占主导地位，早在 2003 年，出口产品中的外资企业产品就超过 50%。

（3）经常项目顺差弱化了国内货币政策的实施效果。经常项目顺差带来外汇储备的持续增长，而外部资金的流入带来本国流动性的充裕，可能会干扰到货币政策执行的效果。在浮动汇率制度下，顺差会通过外汇市场的汇率升值而自发地削弱影响，中央银行只会在汇率变动幅度超过控制范围时出手干预，从而减少了因冲销式干预而增加国内信贷投放的可能性。但是，如果在固定汇率制度下，贸易顺差引起居民将外汇兑换成本币的行为，必然会导致中央银行为稳定汇率水平，在外汇市场进行冲销式干预，从而导致国内流动性充裕。随着大量本币被动地投入到流通领域，中央银行的基础货币投放更加受制于外汇流入，不但削弱了中央银行货币政策的效应，而且导致物价水平上升。例如，2005 年以前，中国实行固定汇率制和结售汇制度，由于自 1994 年开始，中国经常项目顺差持续累积，截至 2012 年末，中国外汇储备余额达 3.31 万亿美元，在此期间，中国的基础货币投放由 1994 年的 0.37 万亿元迅速扩张至 2012 年的 6.06 万亿元，导致货币供应量由 4.69 万亿元膨胀到 97.41 万亿元。

（4）经常项目顺差增大了贸易摩擦的可能性。经常项目顺差，也就意味着本国的产品进入外国市场，挤占了外国生产者的产品市场份额，这会挫伤外国的生产部门的生产积极性，甚至会导致厂商倒闭、工人失业的状况，影响到外国经济的健康发展。因此，为了保护本国生产部门的利益，经常项目存在较大逆差的国家常常会采取一定的贸易保护措施，如配额、关税、反倾销等贸易壁垒手段。这样的结果就是经常项目顺差加剧了国际贸易摩擦，贸易纷争的增多严重影响到正常贸易开展，不利于本国产品在国际市场中扩展销路，充分展示其竞争力。例如，随着中国持续的经常项目顺差，中国对应的贸易逆差国，主要是美国、欧元区等发达国家和地区，会利用世界贸易组织的规则，限制中国产品的进口，保护该国产业。针对中国的反倾销调查是世界贸易组织成员中最多的，2012 年前三个季度，中国出口产品遭遇的国外贸易救济调查 55 起，同比增长 38%。全球贸易预警组织称，国际金融危机爆发后，全球 40%的贸易保护主义措施针对中国[①]。

（5）经常项目顺差增加了外汇储备的管理成本。经常项目顺差，导致外汇储备规模扩大，进而增加了外汇储备管理的成本。一是转换成本。在贸易计价不是以本国货币为主，以及本国货币并非国际货币时，居民实现的经常项目形成的顺差必然要在外汇市场中将外汇转换为本币，而每次转换都是有成本的，转换的次数越多，成本越高，这表明本国居民在贸易过程中的货币转换损耗越多。二是运营成本。居民持有的外汇最终会形成中央银行的外汇储备。中央银行在经营储备的过程中，主要是以美元、欧元债券的形式存在，为了实现外汇储备的保值增值，中央银行必须有效运营外汇，外汇储备规模越高，经营成本越高，并且经营过程中还面临着操作风险，其中主要就是汇率风险，如果外汇储备的币种结构不合理，在面临主要外汇储备国家货币贬值时，本国外汇储备就会遭受损失，损耗国家财富。三是资金闲置成本。通常，外汇储备的经营管理主要是为了保值，从而导致巨额国家财富无法有效转化为生产领域的资金，无法形成直接的生产资源，不利于本国经济的长期发展。

二、经常项目顺差与金融危机风险

前文指出，经常项目顺差是一国经济发展综合实力的体现，在大多数情况下对经济发展是有利的，但是从经常项目动态均衡的角度来看，经常项目顺差持续或者规模异常也存在着一些弊端，如果本国无法有效利用经常项目顺差带来的经济优势实现经济金融发展模式的调整，导致经常项目持续保持顺差，也有可能会影响到国内经济金融运行的基础，异化产业部门和金融部门的发展路径和结构，进而累积金融危机的风险。

---

① 中国商务部：《对外贸易形势报告（2012 年秋季）》。

1. 汇率升值风险上升，外部压力增大

一国经常项目持续保持顺差必然会导致该国经济主体拥有国外货币资产的规模不断扩大，导致该国外汇市场中外汇供给持续增加，对本币形成巨大的升值压力。在自由浮动汇率制度下，本币汇率升值的压力会通过外汇市场自动实现调整，进而通过本币汇率升值来自动调节经常项目差额状况，即本币升值将抑制出口，扩大进口，进而缩小经常项目顺差，因此，在自由浮动汇率制度下，经常项目顺差不可能持续地超过警戒的范围。而在固定汇率或者有管理的浮动汇率制度下，经常项目顺差带来的汇率升值压力会更大，人为的汇率贬值又会遭到来自其他国家的政治压力，导致汇率风险上升。

2. 经济结构失衡，金融资源过度倾斜

经常项目长期顺差导致国内经济资源向贸易部门倾斜，导致贸易部门的资金成本和工资水平不断上升；非贸易部门的资源配置严重不足，但是由于国内统一劳动市场的原因，非贸易部门的生产成本也随之提升，导致其经济效益明显下滑，从而抑制了非贸易品部门的发展，使经济结构出现扭曲。各部门的不平衡发展，必然会给经济持续健康平稳发展带来隐患，也会危及金融发展的基础。由于贸易部门集中了过多的资源，金融部门也会加大对贸易部门的支持，如增加信贷投放、提升公司上市服务等金融服务，从而使得金融资源在贸易部门的比重显著上升，这也必然会带来金融风险的集中和累积。一旦贸易部门由于某种原因出现了问题，造成资金链的断裂，那么附着在产品贸易之上的金融工具就会以更快的速度产生传递效应，进而造成金融震荡，而一旦出现金融震荡，会迅速恶化本国经济发展的基本面，进一步恶化金融部门的资产负债表，从而使得金融危机向纵深发展，破坏力更强。

3. 国内储蓄持续增加，金融风险高度集中

经常项目持续顺差意味着国内居民储蓄的持续增加。但是，从经济增长的角度来看，储蓄增加，则表明国内消费需求不旺，经济增长的内部动力不足，更多的是依靠国外消费市场拉动；而储蓄的持续增加也表明国内储蓄—投资转化机制并不顺畅，很多居民的闲置资金以储蓄的形式沉淀在金融部门，周转效率不高，这就使得金融部门的金融资源无法得到充分利用，相反还会导致资金过度集中，尤其是在国内金融市场发展不成熟的情况下，居民储蓄投资只能以银行存款、股票等有限渠道进行，导致金融风险也较为集中，无法得到有效分散。过度集中的存款在面临冲击时，容易

出现挤兑危机，造成金融系统的动荡。

4. 国内信贷加速投放，货币政策效应降低

经常项目顺差还会带来国内流动性的扩张。在固定汇率和有管理的浮动汇率制度下，出于维持汇率稳定的目标，本国中央银行必然会以投放基础货币的方式购入外汇，从而向本国金融体系注入基础流动性，经过货币乘数的作用，本国金融体系的流动性将会倍增。一是流动性充裕使得银行的贷款利率下降，贷款条件简化，从而会加大对生产部门的信贷投放，基于前文所述的原因，这些信贷投放又会更多地集中在贸易部门，金融风险进一步累积。二是流动性充裕造成通货膨胀的上升。在经济受到信贷投放刺激推动的同时，必然会带来生产资料价格和劳动力成本的上升，进而带动整体价格水平的上升，通货膨胀也就不可避免，而通货膨胀会侵蚀居民储蓄的成果，降低国内居民的实际收入水平，从而降低消费，更加导致国内经济必须依靠国外市场来进行拉动。三是货币政策效应降低。在前述过程的作用下，本国中央银行面临着两难的选择：一方面货币政策被动地受到外汇占款投放的影响而不得不扩张；另一方面通货膨胀的显现也使得货币政策面临着紧缩需求的极大压力，导致货币政策的调控能力弱化，对金融系统的控制能力降低。因此，当金融系统风险累积到一定程度，在自身出现问题或者受到外部风险影响时，金融危机便会快速蔓延，而货币政策将无法做出及时有效的应对。

5. 外汇储备经营管理难度加大

经常项目顺差必然带来外汇储备的增长，而外汇储备的管理是一项十分复杂的工程，既要考虑到保有充足的国际清偿能力，给予国际投资者以充足的信心，也要考虑与国际贸易的币种结构、区域结构相适应，以及金融资产配置的多元化、分散化原则。因此，外汇储备规模的控制、内容的构成等具有较大的操作风险，尤其是在外汇储备规模较大的情况下，其一举一动往往会牵动国际金融市场的神经，一着不慎，就会使得本国面临汇率风险。一旦外汇储备经营管理不善，将会在很大程度上降低本国的偿债能力，也会降低抵御国际金融动荡的能力，削弱外汇储备作为国际金融风险防火墙的作用。

第三节　经常项目失衡的可持续性

从跨时期分析框架的角度来看，某一时点的经常项目失衡并不重要，关键在于经常项目失衡能否在一个时期内实现资源的最优配置。由此而引发的就是对于经常项目失衡的可持续性的研究。通常来说，可持续的经常项目失衡是指经常项目失衡的存在不会使得经济偏离正常的运行轨迹，即经济体在不改变现有政策取向的前提下，失衡本身不会对经济造成压力，从而不需要通过跳跃性的政策变动（如宏观经济政策由扩张性向紧缩性急剧过渡），或者破坏性的经济结局（如汇率、利率的大幅波动）来使失衡发生逆转的状态。经常项目是一国经济增长与国际贸易、储蓄与投资率、国际投资和资本流动、利率与汇率等多种因素相互作用的结果，经常项目失衡需要满足一定的条件才能实现可持续发展。

一、经常项目可持续性实证分析

经常项目的跨时期分析法认为，经常项目逆差的规模本身并不重要，重要的是经常项目逆差是不是可持续的，或者说一国能否通过其他途径弥补其经常项目逆差；还需要考虑在逆差到达不可持续点而被迫调整时，对经济发展的冲击程度。经常项目的跨时期分析法认为，如果经济发展具有完善的资本流动和平滑的消费行为，经常项目逆差就是可持续的，此时的经常项目是一个平稳序列，它在一定时间内具有调节消费的作用，通过平衡不同国家之间的借贷来调节各国的消费状态，从而推动经济增长。也就是说，如果一国的经常项目能保持平稳性，则表明该国的经常项目可以实现跨期均衡；反之，该国的经常项目会呈现不可持续性。本节首先考察美国经常项目逆差的可持续性，然后以美国、西班牙和希腊为样本，利用面板数据分析发达国家经常项目逆差的可持续性，并与次贷危机和欧元区主权债务危机的现实情况进行比较和探讨。

1. 分析框架与数据

Sachs（1982）认为，经常项目可以分解成时间偏好动机和消费平滑动机两个成分。Ghosh（1990）进一步提出，基于消费平滑动机以及相应的最优经常项目行为易于模型化，可以通过分析消费平滑成分是否平稳来研究经常项目的可持续性。因此，本节根据一国跨时期最优消费的平滑性来分析经常项目逆差的可持续性。由第三章的（3–39）式可知，第 t 期的经常项目差额为：

$$B_t^* = Y_{H,t} + iB_t - C_{H,t} - G_{H,t} \tag{5-1}$$

假定效用函数是二次方程式，则资本完全流动下的最优消费为：

$$C_{H,t} = iB_t + \frac{1}{1+i}\sum_{n=0}^{\infty}\left(\frac{1}{1+i}\right)^n E_t\ (Y_{H,t+n} - G_{H,t+n}) \tag{5-2}$$

其中，E_t 为第 t 期对未来各期的预期。

将（5–2）式代入（5–1）式可得：

$$B_t = -\sum_{n=1}^{\infty}\left(\frac{1}{1+i}\right)^n E_t\Delta(Y_{H,t+n} - G_{H,t+n}) \tag{5-3}$$

由（5–1）式可知，B_t 是产出与政府支出差额变化率 $\Delta(Y_{H,t+n} - G_{H,t+n})$ 的折现之和。因此，如果 $\Delta(Y_{H,t+n} - G_{H,t+n})$ 是平稳的，则经常项目 B_t 也是平稳的，表明该国的经常项目可以实现跨期均衡。

本书采用递归式单位根检验来分析美国的经常项目是否处于稳定状态，如果检验结果表明美国的经常项目逆差是平稳的，那就表明此时的经常项目逆差具有向长期均衡水平恢复的特征，这时的经常项目逆差具有可持续性；如果检验结果是非平稳的，则认为经常项目逆差是发散的、不可持续的。

美国的经常项目逆差可以追溯到 20 世纪 70 年代初，但整个 70 年代的逆差都相对较小。1982 年以来，美国经常项目开始持续出现大规模逆差，并在 90 年代初迅速上升[①]，美国的经常项目逆差占 GDP 的比重呈逐步扩张的趋势（见图 5–1）。1982 年底，美国的经常项目逆差为 116.07 亿美元，占 GDP 的 0.36%；2006 年底，美国的经常项目逆差达到其历史最高点 8006.18 亿美元，占 GDP 的 6.01%。此后，美国的经常项目有所改善，但赤字规模仍居高不下。2011 年底，美国的经常项目逆差为 4734.41 亿美元，占 GDP 的 3.14%[②]。为此，本书选取美国 1982~2011 年的数据进行分析。

① 1982~2011 年，美国的经常项目只有 1991 年为顺差，其他年份均为逆差。

② 世界银行统计数据库，www.worldbank.org。

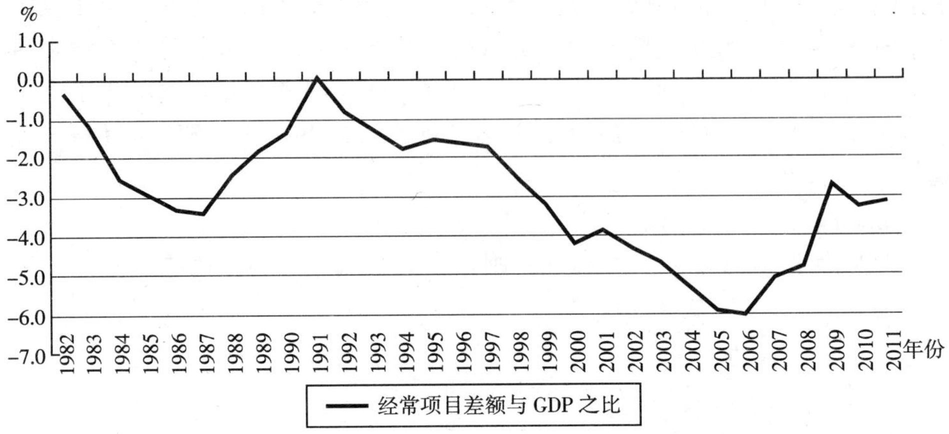

图 5-1　1982~2011 年美国单位产出的经常项目逆差变动趋势

数据来源：世界银行统计数据库。

2. 美国经常项目逆差的递归式单位根检验

所谓递归式单位根检验，就是首先选取一个较短时间跨度的样本进行单位根检验，然后逐年增加样本容量，直到使用全部样本为止。递归式单位根检验的优势在于该方法不但能够分期检验经常项目逆差的平稳性，还可以考察检验结果随年份变化的稳健性。在经常项目逆差持续平稳的条件下，一旦发现经常项目逆差随着样本的增加突然转变为非平稳的状态，则可以判定经常项目逆差在该时点转变为不可持续的，这一时点则为突变点。为了避免因国家经济规模造成的经常项目数据异方差问题，本书使用单位产出的经常项目差额，即经常项目差额与 GDP 的比进行分析。其中，经常项目差额数据与 GDP 数据均来源于世界银行统计数据库。

由图 5-1 可以看出，1982~2011 年美国单位产出的经常项目逆差的水平值具有明显扩大的趋势，是不平稳的。为了分析经常项目逆差持续恶化的影响，本书同时选择 ADF 检验和 PP 检验两种方法对经常项目差额与 GDP 之比的一阶差分进行平稳性检验，避免单一方法可能存在的缺陷而给检验结果带来负面影响。在样本区间的选择方面，首先选取的子样本为 1982~2000 年，然后再逐年扩充样本，从 1982~2001 年，1982~2002 年，……，直至 1982~2011 年。本节采用 EViews6.0 进行检验，检验结果如表 5-1 所示。

表 5-1　美国经常项目的递归式单位根检验结果

样本区间	检验方法	统计量	样本区间	检验方法	统计量
1982~2000 年	ADF 检验	-2.421**	1982~2006 年	ADF 检验	-3.355*
	PP 检验	-2.335**		PP 检验	-3.355*
1982~2001 年	ADF 检验	-2.891***	1982~2007 年	ADF 检验	-3.027
	PP 检验	-2.891***		PP 检验	-3.027
1982~2002 年	ADF 检验	-3.020***	1982~2008 年	ADF 检验	-3.259*
	PP 检验	-2.962***		PP 检验	-3.259*
1982~2003 年	ADF 检验	-3.113***	1982~2009 年	ADF 检验	-2.532
	PP 检验	-3.063**		PP 检验	-2.537
1982~2004 年	ADF 检验	-3.134**	1982~2010 年	ADF 检验	-3.831**
	PP 检验	-3.079**		PP 检验	-3.842**
1982~2005 年	ADF 检验	-3.176**	1982~2011 年	ADF 检验	-4.018**
	PP 检验	-3.121**		PP 检验	-4.018**

注：* 表示在 10%的显著性水平上拒绝存在单位根的原假设；** 表示在 5%的显著性水平上拒绝存在单位根的原假设；*** 表示在 1%的显著性水平上拒绝存在单位根的原假设。

根据表 5-1 显示的检验结果，可以得出以下基本结论：

（1）ADF 检验和 PP 检验的结果基本一致。只有在 1982~2003 年这个样本区间中，ADF 检验在 1%的显著性水平上拒绝存在单位根的原假设，PP 检验在 5%的显著性水平上拒绝存在单位根的原假设，两个检验之间存在微弱差异。在其他样本区间内，ADF 检验和 PP 检验的结果完全一致。

（2）2005 年之前（包括 2005 年），美国的经常项目逆差是可持续的。在 1982~2000 年，……，1982~2005 年六个样本区间内，美国的经常项目差额与 GDP 之比均在 1%或 5%的显著性水平上拒绝存在单位根的原假设，表明在这段期间，美国的经常项目逆差具有良好的稳定性，具有向长期均衡恢复的特征，是可持续的。

（3）美国 2006 年的经常项目失衡处于向不稳定转化的临界状态。在 1982~2006 年这个样本区间内，ADF 检验和 PP 检验的结果均只能在 10%的显著性水平上拒绝存在单位根的原假设，显著性水平较低，意味着美国的经常项目失衡已经积累到了一定程度，有可能由可持续的稳定状态向不可持续的不稳定状态转化。

（4）2007 年为美国的经常项目失衡由可持续状态向不可持续状态转化的突变点。在 1982~2007 年这个样本区间内，ADF 检验和 PP 检验的结果均不能拒绝存在单位根的原假设，表明在此期间，美国的经常项目是不平稳的，不具有向长期均衡恢复的特征，次贷危机也于 2007 年爆发。

（5）金融危机后，美国经常项目的可持续性逐步增强。在 1982~2008 年、1982~2009 年这两个样本区间内，ADF 检验和 PP 检验的结果均不能显著地拒绝存在单位根的原假设。次贷危机及随后的国际金融危机的爆发，推动了国际资本的重新配置，美国经常项目逆差下降，经济逐步走出危机。在 1982~2010 年、1982~2011 年这两个样本区间内，ADF 检验和 PP 检验的结果均在 5%的显著性水平上拒绝存在单位根的原假设，表明美国未来的经济增长和资本流入可以维持现有的经常项目逆差。

3. 发达国家经常项目逆差的递归式面板单位根检验

随着面板数据理论及相关方法的发展，面板数据单位根检验也随之出现。这些新的方法在一定程度上提高了时间序列单位根检验的检验功效。为了验证上述实证检验结果，本书将样本扩充到美国、西班牙和希腊三个发达国家。样本区间仍为 1982~2011 年，数据来源于世界银行统计数据库。近年来，美国、西班牙和希腊的经常项目逆差占 GDP 的比重都呈现扩大趋势（见图 5-2），希腊表现得尤为明显，西班牙次之，美国经常项目逆差占 GDP 的比重则因庞大的 GDP 规模而表现得没有另外两个国家明显。2008 年，希腊的经常项目逆差达到峰值，为 347.98 亿欧元，占 GDP 的 14.92%。

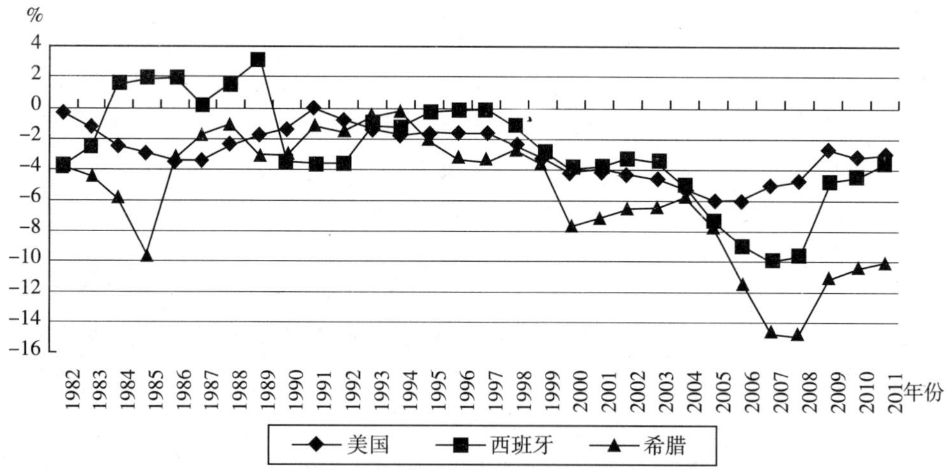

图 5-2　1982~2011 年美国、西班牙、希腊单位产出的经常项目逆差变动趋势

数据来源：世界银行统计数据库。

这里同样采用递归式单位根检验进行分析，但分析方法从时间序列数据拓展到面板数据。面板数据单位根检验综合了时间序列和横截面的特征，能够更加直接、精确地推断是否存在单位根。目前应用最广泛的面板数据单位根检验是由 Levin 和 Lin（1992，2002）提出的 LL 检验。Levin 和 Lin 不但首创性地提出了面板数据单位根检验方法，还证明了在混合截面数据中使用单位根检验的效果明显高于分别对单一时间序列进行单位根检验的效果。但是，LL 检验的前提是，在零假设和备择假设下，各纵剖面时间序列数据一阶滞后项的回归系数都是相同的。这一假设脱离实际，难以在实际运用中推行。针对 LL 检验的这一缺陷，Im、Pesaran 和 Shin（1997，2003）在放宽各时间序列方程的回归系数必须完全相同的限制之后，基于组平均 LM 估计量提出了检验面板数据单位根异质面板数据的单位根检验，即 IPS 检验。在模型具有异质独立同分布误差项的条件下，IPS 检验利用各时间序列数据的 DF 统计量的均值 t-bar 作为统计量，进而检验面板单位根假设。Im、Pesaran 和 Shin（1997，2003）利用蒙特卡洛模拟方法，证明了 IPS 检验的精确度和功效比 LL 检验更高。然而，IPS 检验同样存在不足，该检验需要各时间序列数据具有相同的观测期和滞后阶数，导致这种方法无法运用于检验非平衡面板数据问题。基于 LL 检验和 IPS 检验的不足，Maddala 和 Wu（1999）通过综合各截面单位统计量的 P 值，提出了 MW 检验，该检验是一种非参数检验，其优势在于它允许各时间序列的滞后阶数不同，检验结果比较稳健。为了避免单一方法可能存在的缺陷，本节同时选择 IPS 检验和 MW 检验来进行递归式面板数据单位根检验。在递归样本区间的选择方面，同样首先选取 1982~2000 年作为子样本，然后再逐年扩充样本，直至将样本区间扩充至 1982~2011 年。本节采用 STATA11.0 进行检验，检验结果如表 5-2 所示。

表 5-2 美国、西班牙和希腊经常项目的递归式单位根检验结果

样本区间	检验方法	统计量	样本区间	检验方法	统计量
1982~2000 年	IPS 检验	-2.731**	1982~2006 年	IPS 检验	-1.367*
	MW 检验	33.257**		MW 检验	21.257*
1982~2001 年	IPS 检验	-3.145**	1982~2007 年	IPS 检验	-1.043
	MW 检验	36.156**		MW 检验	16.473
1982~2002 年	IPS 检验	-3.253**	1982~2008 年	IPS 检验	-1.012
	MW 检验	37.263**		MW 检验	15.237

续表

样本区间	检验方法	统计量	样本区间	检验方法	统计量
1982~2003 年	IPS 检验	-2.763**	1982~2009 年	IPS 检验	-1.107
	MW 检验	33.072**		MW 检验	17.033
1982~2004 年	IPS 检验	-2.247**	1982~2010 年	IPS 检验	-1.425*
	MW 检验	28.537**		MW 检验	22.347*
1982~2005 年	IPS 检验	-1.764**	1982~2011 年	IPS 检验	-1.787**
	MW 检验	25.593**		MW 检验	25.732**

注：* 表示在 10%的显著性水平上拒绝存在单位根的原假设；** 表示在 5%的显著性水平上拒绝存在单位根的原假设；*** 表示在 1%的显著性水平上拒绝存在单位根的原假设。

表 5-2 显示的检验结果表明 IPS 检验和 MW 检验的结果都是一致的，结果同样表明 2007 年是经常项目失衡由可持续状态向不可持续状态转化的突变点，这与美国经常项目逆差的递归式面板单位根检验的结论一致。不同的是，在 1982~2010 年这个样本区间内，美国、西班牙和希腊的面板单位根不能显著地拒绝存在单位根的原假设，而美国经常项目数据在 5%的显著性水平上拒绝存在单位根的原假设，表明欧债危机比美国次贷危机持续的时间更长。

在 1982~2006 年、1982~2007 年、1982~2008 年、1982~2009 年和 1982~2010 年这五个样本区间内，面板单位根检验结论均显示经常项目失衡呈现不可持续的状态，这也与次贷危机过后欧债危机仍然蔓延的现实状况基本一致。

在 1982~2011 年样本区间内，美国、西班牙和希腊的面板单位根在 5%的显著性水平上拒绝存在单位根的原假设，表明美国、西班牙和希腊逆差的缓解提高了三国整体的经常项目可持续性，这与 2011 年欧债危机仍在恶化的现实情况有所不同，但由于缺乏后续数据，难以验证美国、西班牙和希腊在 1982~2011 年样本区间表现出来的可持续性是否可以继续维持，或仅是逆差可持续性暂时的缓解。

二、经常项目失衡可持续性的条件分析

1. 经常项目失衡可持续性的内部条件

一国国内经济金融发展情况是经常项目失衡的根本原因，要使得经常项

目失衡实现可持续发展，必然要有与之相适应的国内经济金融发展基础。

（1）稳健合理的产业经济结构。一国的经济结构决定了出口和进口的商品类型与规模，经常项目失衡的可持续性必然要求该国的经济结构能够提供有效支持。一是贸易部门和非贸易部门的均衡发展。经常项目持续失衡会引起贸易部门和非贸易部门的发展出现倾斜，持续顺差会加速贸易部门的发展，而持续逆差则会导致非贸易部门的非理性繁荣，两者都会导致经济结构失衡，动摇经济发展的基础。因此，必须保持合理的产业经济结构，通过产业政策引导，结合本国在国际市场中的比较优势，合理分配国内资源，在有效引导国外资源发展本国优势产业的同时，维持弱势产业的稳步发展，以避免出现"出口替代"、"进口替代"过度发展，使得本国产业严重失衡，进而导致经常项目失衡向极端化方向发展。二是产业结构应随着对外贸易的发展来调整。为了促进对外贸易发展，很多国家在初期实行"出口替代战略"等促进出口的措施，但是，随着该国对外贸易走向更高阶段，仍然使用该战略，并且未将出口产品升级为工业制成品，尤其是科技含量更高的工业品，从而被成本更低的国家追赶，经常项目迅速由顺差反转为逆差。三是出口和进口协调发展。进出口增长应当按照稳定的比例同步变动，而不应大幅向其中一方倾斜。例如，1994 年《北美自由贸易协议》生效后，墨西哥与美国和加拿大 80%的产品相互取消关税，墨西哥 1992~1994 年的出口额只增长 25.4%，而进口额增长了 46.9%，导致贸易逆差居高不下，进而引发金融危机。

（2）良好的储蓄—投资转化机制。从凯恩斯的宏观经济学角度来看，储蓄和投资的关系决定了经常项目的余额状况，经常项目失衡也反映了本国居民对外储蓄的状况。从消费角度而言，合理的储蓄规模能够充分调动国内经济主体的消费能力，有利于改善进口结构。而一国良好、合理的储蓄—投资转化机制，能够提高资金的运用效率，有效发挥金融加速器的作用，为经济增长提供不竭的投资引擎，从而有利于扩大本国产品的出口。这一切，都需要该国拥有完善的金融体系，保障资金在供给者和需求者之间快捷、有效地流动。

此外，在金融体系完善的同时，还需要有有效的金融监管。金融监管是保障金融体系稳健运行的必要条件，尤其是国内外资金大量涌入房地产、股市等虚拟经济时，缺乏金融监管将使得这些资金到处流窜，形成泡沫经济，引起金融体系的不稳定。

（3）健全的汇率制度和充足的外汇储备。纵观多次金融危机，汇率往往是引发金融危机的关键因素，是国际投机者最易攻击的目标，不合理的汇率水平会导致经常项目失衡。对于汇率制度的选择而言，有浮动汇率和固定汇率两种，前者是能够通过外汇市场自动实现汇率的均衡，进而调整经常项目的失衡状况，这种调整具有双向作用，使得经常项目向平衡方向移动。以经常项目顺差为例，顺差会引起本币汇率升值，而汇率升值则会抑制出口，扩大进口，从而使得顺差缩小，进而可能实现经常项目平衡。后者则是需要中央银行进入外汇市场干预来实现，通过人为的手段使得汇率实现某一特定的估值，以实现经常项目持续偏向顺差或者逆差的目标。这就需要拥有充足的外汇储备来应对国际投机者的冲击，一旦在本国融资能力不足的情况下耗尽外汇储备，固定汇率制度将不可持续，引发货币危机。

（4）稳定的政治环境和经济发展规划。稳定的政治环境能够增强居民和国外投资者对本国经济的信心，从而不会引起大规模的资金外逃行为，尤其是在本国政府推进经济金融改革的情况下。政府的各项政策应当具有协调性，有序推进各项改革进展，避免顾此失彼。此外政府应当保持健全的财政管理，合理控制财政赤字的规模，减少因政府支出过大而产生的挤占私人投资的现象。以印度尼西亚为例，1997 年 11 月，由于印度尼西亚政治形势动荡，政府本可以在市场行为发生变化之前，通过实施紧缩的经济政策和贬值本币调整经济，但政府却对此置之不理，导致 1998 年 1 月 8 日汇率狂跌至 9300 印尼盾。墨西哥的外贸制度改革计划是宏观经济调整的重要部分，但 1987 年通胀率高企成为经济调整的首要问题。政府为了解决通货膨胀问题，采取了许多措施，其中有些措施相互牵制，直接或间接地影响了对外贸易的发展。

2. 经常项目失衡可持续性的外部条件

外部条件是经常项目失衡可持续性的重要环境因素。稳定的国际环境有利于该国经常项目状况的延续，而激烈动荡的外部冲击可能会突然引起该国经常项目问题的爆发，进而引发更深层次的危机。

（1）稳定的国际市场环境。一国经济发展需要稳定的国际市场环境来保障，而这对于经常项目顺差或者逆差的持续更加具有重要意义。一是国际市场需求相对稳定。稳定的外部需求，即意味着本国产品在国际市场的销路相对稳定，有利于本国进出口厂商制定生产计划，持续开展贸易活动。二是国际市场价格相对稳定。稳定的价格使得本国的对外贸易收支情况相对稳定，不会因为价格因素导致出口或者进口受到抑制，从而导致经常项目失衡状况发生变动。三是国际金融环境稳定。金融市场的稳定，一方面在于资金成本的稳定，这会使得本国在国际金融市场的筹资成本稳定，能够持续地获得经济发展的外部资金；另一方面在于未发生国际金融震荡。国际金融危机的传递极其迅速，会快速干扰到一国的汇率，从而影响到本国对外贸易状况，更严重的可能会影响到本国外债和流入外资的抽逃，加大本国经济金融运行的风险。以墨西哥为例，1994 年，由于欧美国家经济恢复增长，利率提高，结果使墨西哥大约 180 亿美元的资金外流。

（2）合理的外债结构。对外举债是当今世界各国促进经济发展的通用手段，合理的外债结构有利于经济的可持续发展，从而支持经常项目失衡状况的持续。一是合理的期限结构。从国际收支平衡表来看，合理的外债期限结构意味着一国必须要在直接投资和证券投资之间进行权衡。通常而言，直接投资是为分享本国经济发展的长期收益，更加具有稳定性，而证券投资则是短期化的行为，是资本流动的主力，容易造成该国金融市场的波动。因此，在外债期限结构中，尽量降低短期的证券投资的比重，形成期限配置合理的债务结构，与本国经济发展的收益流向相匹配。二是合理的币种结构。合理的币种结构能够充分发挥资产组合的效应，减轻外债标价货币过于集中而带来的汇率风险。三是合理的区域结构。当今国际流动资本主要来自欧美等发达国家以及中东等石油国家，这些国家对于资金的收益率略有差异。因此，本国在国际市场举债时，要充分考虑资金来源，以避免在发生区域冲突或者外贸争端时，外债成为对方挟制本国的手段。

（3）合理的外商直接投资比重和流向。当今，外商直接投资在经常项目顺差或逆差的持续发展中扮演着重要角色。在经济全球化的背景下，跨国公司通过直接投资进入一国市场，利用当地廉价的自然资源和劳动力，生产产品并返销回国际市场，这些产品成为东道国出口的重要构成，但外商直接投资过度发展会加大东道国经济对国际市场的依赖性，外商直接投资也会通过所投资的产业影响东道国的产业结构，使其资源配置更加偏向于贸易部门，造成产业结构的不平衡发展。而在经济发展过程中，虽然外商直接投资的主要目的是追求高收益，并以收入的形式汇回母国，但是对于东道国经济发展的信心较为敏感，一旦政治环境或者宏观经济政策发生变动，也会以各种形式悄然撤离东道国。因此，必须合理控制外商直接投资在全社会投资中的比重，减轻本国经济对国际资本的依赖，并合理控制外商直接投资的流向，避免其过度投入某一产品部门。

三、中国经常项目顺差可持续性的条件分析

前文的研究表明，经常项目失衡的可持续性需要一定的条件，否则将会对国内经济产生不良影响。我国已经常年保持着经常项目顺差，对于推动我国经济发展产生了重要的促进作用，但是受到国际市场变动的影响，我国经常项目顺差的规模正在逐渐收窄，那么，我国的经常项目顺差能够持续下去吗？结合前文分析，笔者认为，中国经常项目顺差持续应当具备以下条件：

（1）经济结构合理，产品具有较强的国际竞争力。经常项目顺差的根本原因在于我国出口产品的国际竞争力较强。改革开放以来，我国工业经济基础逐步完善，建立起了门类齐全的工业体系，经济建设取得了丰硕的成果；但是，我国经济体系中仍然存在结构不合理的问题，传统产业能耗高、效率低等现象明显。当前，在我国国内的劳动力成本上升，出口产品结构尚未向中高级产品迁移完成，并且周边国家如越南，劳动力价格低廉、资源充足的背景下，我国出口结构中初级产品面临着极大的挑战。因此，作为出口竞争力的决定因素，实现我国经常项目顺差的可持续，应当保持我国经济的稳定发展，加快国内经济转型的步伐，实现出口产品结构优化升级，增强出口产品的国际竞争力，在国际产品市场竞争中占据新的制高点。

（2）金融体系完善，资本转化运行机制顺畅。当前，金融对经济发展的支持作用日益显著。在我国国有经济主导的经济发展过程中，形成了国有银行体系主导的金融结构，并且表现出较为明显的二元金融结构特征，存在着金融抑制的现象。在经济全球化和金融自由化的背景下，我国金融体系在发挥储蓄—投资转化机制的作用方面有所不足，不能有效地将社会资金转成为促进经济发展的资本，从而也未能充分发挥金融对经济的支持作用。因此，我国应当继续深入推进金融体系改革，完善多层次资本市场体系，为企业发展提供更多的融资渠道和更大的资金规模。此外，还应当充分发挥金融服务的功能，为进出口贸易提供丰富的金融工具，如贸易融资、信用证等产品，实现贸易投资便利化，进而促进我国对外贸易的发

展，充分发挥我国产品竞争力的优势，维持我国经常项目顺差的可持续发展。

（3）人民币汇率形成机制完善，对外贸易稳定发展。汇率制度对于经常项目顺差的可持续性具有十分重要的意义。合理的汇率定值和形成机制能够实现外汇市场的平稳发展，为对外贸易提供稳定的外部环境，便于贸易商的货币计价。我国自 2005 年汇率形成机制改革以来，扩大了人民币汇率的波动范围，能够更加合理地反映国际市场对人民币的需求状况，使得人民币汇率不断升值，目前已经累计升值超过 30%。虽然汇率升值引起我国经常项目顺差的不断下降，导致经常项目顺差与 GDP 的比值由 2007 年的峰值 10%降至目前的 3%左右，但是从长远来看，汇率形成机制的改革能够使得国际市场对人民币汇率的预期更加明晰，有利于中央银行通过市场预期来调节汇率水平，从而使得人民币汇率水平更加平稳，也有利于贸易商能够更加容易地采取避险手段以减轻汇率风险，从而推动我国出口贸易的稳定发展，实现经常项目顺差稳定而可持续的发展。

（4）外债规模结构合理，经济运行的外部风险低。从前文的分析来看，超额的外债规模和不合理的外债结构会给一国经济运行带来巨大的外部风险。截至 2012 年末，我国的外债负债率为 8.96%，债务率为 32.78%，偿债率为 1.62%，都在国际公认的安全线以内；其中短期外债占比为 26.6%，债务期限结构较为合理，这表明我国利用外资的状况较为合理，在为经济发展提供支持的同时，并未对经济运行的外部环境产生压力，也有利于保障我国经常项目顺差的持续发展。因此，我国应当继续保持借入资金的合理规模和期限结构，并引导资金流向我国亟须发展的经济部门，避免资金避实就虚，过多流向房地产、股市等虚拟经济部门，造成经济泡沫的产生，进而损害经济发展的基础。

第四节　本章小结

本章借助经常项目跨时期分析框架，从长期动态的角度对经常项目失衡进行了深入研究，并以发达国家和发展中国家在金融危机发生前后经常项目的变化情况作为例证，全面考察经常项目失衡的优劣、风险以及可持续问题。

第一，本章从资源动态配置的角度将经常项目失衡划分为“好的失衡”和“坏的失衡”，并以美国、日本、欧洲等国家和地区为例进行案例分析。结果表明，“好的失衡”应具备以下特征：一是失衡状况与经济发展阶段相一致；二是经济前景明朗；三是投资储蓄转化链条完善；四是吸收外资的期限结构和区域结构良好；五是私人部门经济活力充足，财政管理良好。“坏的失衡”则有以下表现：一是国内经济结构失衡，包括产业结构不合理、部门结构不合理、出口导向型战略未能及时调整；二是金融结构不完善，包括不合理的储蓄行为、金融监管缺失、本币定值过高；三是资本流动导致外部风险上升，包括对外债务结构不合理、外汇储备不足。

第二，本章对于经常项目顺差这一失衡现象进行分析，研究发现顺差通常是一国期待实现的贸易目标，顺差有利于促进国内经济增长，并且能够增加外汇储备，增强该国抗风险能力。但是，并不是所有的顺差都是“好的失衡”，经常项目长期顺差会给汇率带来升值压力，导致经济结构不健全，弱化了国内货币政策的实施效果，增大了贸易摩擦的可能性，增加了外汇储备的管理成本。顺差也有可能在长期引发国内经济结构等问题，进而累积金融危机的风险：一是汇率升值风险上升，外部压力增大；二是经济结构失衡，金融资源过度倾斜；三是国内储蓄持续增加，金融风险高度集中；四是国内信贷加速投放，货币政策效应降低；五是外汇储备经营管理难度加大。这些风险累积，在遭遇突发性因素时可能引起金融危机的全面爆发。

第三，本章利用递归式单位根检验分析经常项目是否处于稳定状态，用以研究一国的经常项目是否可以实现跨期均衡。本节首先选取 1982~2011 年美国的时间序列数据进行分析，实证结果表明 2007 年为美国的经常项目失衡由可持续状态向不可持续状态转化的突变点，表明美国不具有向长期均衡恢复的特征，美国的经常项目逆差开始体现出不可持续的特征。这意味着美国经常项目逆差已经积累到难以维持的程度，其稳定状态于 2007 年发生根本性变化，而经常项目逆差的不可持续性构成了金融危机爆发的宏观环境，这在一定程度上解释了次贷危机生成的原因。在此基础上，本章进一步将样本扩充到美国、西班牙和希腊三个国家进行分析。相应的递归式面板单位根检验结果表明，2007 年是经常项目失衡由可持续状态向不可持续状态转化的突变点，这与美国经常项目逆差的递归式面板单位根检验的结论一致。不同的是，2010 年美国经常项目的可持续性逐步增强，但面板数据单位根检验的结果却显示经常项目失衡呈现不可持续的状态，表明西班牙和希腊的经常项目逆差尚未恢复到可持续状态，这也与次贷危机过后欧债危机仍然蔓延的现实状况基本一致。

第四，本书阐述了经常项目可持续的内部条件和外部条件。其中，内部条件包括稳健合理的产业经济结构、良好的储蓄—投资转化机制、健全的汇率制度和充足的外汇储备、稳定的政治环境和经济发展规划；外部条件则需要有稳定的国际市场环境、合理的外债结构、合理的外商直接投资比重和流向。本书认为，只有在内部条件和外部条件都具备的情况下，经常项目失衡才能有效持续下去，并且不会改变本国经济内部的发展轨迹。

第五，本书阐述了中国经常项目顺差持续应当具备的条件：经济结构转型调整，增强产品的国际竞争力；深化金融体系改革，顺畅资本转化运行机制；完善汇率形成机制，助推对外贸易稳定发展；合理控制外债规模结构，降低经济运行的外部风险。

第六章　结论与对策

第一节　主要结论

本书在充分梳理相关文献，归纳墨西哥、泰国、印度尼西亚、马来西亚、菲律宾等发展中国家和美国、西班牙、希腊等发达国家在金融危机爆发前经常项目失衡状况的基础上，分析了发展中国家经常项目逆差引发金融危机的路径与发达国家有何不同；探讨了为什么在面对经常项目逆差时，有的国家发生了金融危机，有的国家没有发生；研究了经常项目顺差是否都是“好的失衡”这一命题，分析了经常项目顺差的潜在风险。经过较为系统、深入的分析，本书主要得出了以下结论：

就经常项目逆差在引发发展中国家和发达国家金融危机的路径差异而言，本书构建了包含商品市场、资本市场和劳动力市场的一般均衡动态模型，对财富效应和价格效应进行了量化，分别分析了经常项目逆差引致发达国家金融危机的路径和经常项目逆差引致发展中国家金融危机的路径，认为财富效应和价格效应的相对变化都是影响一国内外均衡的主要因素。基于这一理论路径，本书分别基于发展中国家和发达国家的现实经验，分析了经常项目逆差与金融危机的关系，提出发达国家大都可以通过资本和金融项目的顺差为经常项目逆差融资，而发展中国家经常项目逆差的弥补途径相对匮乏，这就表现为发展中国家经常项目逆差持续的时间普遍比发达国家短。与此同时，理论推导和经验分析均发现，不论是发达国家还是发展中国家，引起经常项目失衡和金融危机的根本原因在于国内经济失衡，但汇率失衡及相应的国际资本流动是引起发展中国家金融危机的直接原因，而国际资本流动在发达国家金融危机演化过程中的作用并不明显。

从不同类型国家经常项目失衡的影响因素来看，不论是发达国家还是发展中国家，结构因素和内部因素对经常项目收支的影响都比增长因素和外部因素对经常项目收支的影响大；在具体的影响因素中，固定资本形成率对经常项目的影响在发达国家比较显著，贸易条件对经常项目的影响在发展中国家比较显著。从不同类型国家经常项目逆差引发金融危机的路径来看，发达国家经常项目逆差难以持续的主要原因是本国经济增长乏力或者资本项目的资金流入无法弥补经常项目逆差，更多的是由于本国经济的问题；发展中国家则可能本身经济没有出现明显问题但受到国际资本流动的冲击，进而引发金融危机。

就经常项目失衡引发金融危机的原因而言，本书首先以20世纪70年代以来47个爆发过金融危机的国家和地区为样本，基于多元Logit模型来分析经常项目逆差对金融危机的影响，指出经常项目逆差持续扩大和国内经济增长率下滑是引发金融危机的主要原因。从经常项目逆差的可持续性来看，基于美国数据的递归式时间序列单位根检验和基于美国、西班牙、希腊数据的递归式面板单位根检验均表明发达国家经常项目逆差的稳定状态在2007年发生根本性变化，表明这些国家的经常项目逆差已经积累到难以维持的程度，经常项目逆差的不可持续性构成了金融危机爆发的宏观环境。

就经常项目顺差是否都是“好的失衡”这一命题而言，虽然经常项目顺差有利于一国增加外汇储备、增强该国抗风险能力，但并不是所有的顺差都是“好的失衡”，经常项目长期顺差会给汇率带来升值压力，导致经济结构不健全，弱化国内货币政策的实施效果，增大贸易摩擦的可能性，增加外汇储备的管理成本，甚至在长期引发国内经济结构等问题，进而累积金融危机的风险。一国经济只有在满足具有稳健合理的产业经济结构、良好的储蓄—投资转化机制、健全的汇率制度和充足的外汇储备、稳定的政治环境和经济发展规划等内部条件和稳定的国际市场环境、合理的外债结构、合理的外商直接投资比重和流向等外部条件的情况下，其经常项目失衡才是可持续的。

第二节　治理失衡防范金融危机的对策

前文分析表明，经常项目失衡是造成金融危机的主要原因，而经常项目失衡的根本原因是全球经济失衡和一国内部经济结构失衡。从墨西哥金融危机、东南亚金融危机，尤其是美国次贷危机和因此而产生的欧元区主权债务危机可以发现，不受约束的霸权美元的过剩是导致世界范围内经济失衡的重要原因，国际货币金融体系作为维护世界经济金融正常运行的外部条件，其存在的缺陷对金融危机的爆发有着不可推卸的责任。为此，治理经常项目失衡、防范金融危机，需要从改革国际货币体系、调整国内经济结构、加强国际资本管理、调节经常项目顺差等方面着手。

一、改革国际货币体系，扭转美元本位制下全球经常项目失衡加剧的格局

国际收支的失衡是国际货币体系失衡的表现。布雷顿森林体系崩溃之后，缺乏黄金支撑的美元信用本位体系进一步巩固和提高了美元的霸权地位。在美元本位制下，发展中国家采取钉住美元的汇率制度，在国际商品和服务贸易中获取大量美元，再通过外汇储备的形式进入美国金融市场弥补美国经常项目逆差。墨西哥金融危机、东南亚金融危机和美国次贷危机的爆发表明，美元主导的国际货币体系是发展中国家贸易盈余持续积累的重要原因，也是导致全球经常项目失衡、引发金融危机的货币因素。因此，推动国际货币体系改革，实现国际货币储备体系多元化，是扭转全球经常项目失衡加剧、防范金融风险的有效措施。具体可从以下方面着手：

1. 促进国际货币多元化

一是鼓励更多货币发挥储备货币职能。完善国际储备货币的准入机制，推动国际货币基金组织根据 GDP、经济开放度等指标设立国际储备货币准入门槛，将满足一定条件的货币，尤其是新兴经济体货币列入国际储备货币的行列。二是增强 SDR（特别提款权）的国际货币职能。改革 SDR 的分配和发行规则，进一步增强 SDR 的作用，使其可以用于国际贸易、

金融交易以及大宗商品定价、企业记账，扩大使用规模、拓宽使用范围，逐步成为国际货币体系中的重要货币。三是大力推进人民币的国际化步伐，使人民币尽早成为国际货币。趁在2008年国际金融危机中美元走弱的有利时机，大力推动人民币跨境使用，发展人民币离岸中心，推动人民币国际化步伐，以使人民币与美元、欧元、日元一样成为国际货币为目标，促进国际货币多元化。

2. 构建多元化的国际储备货币体系

要强化对国际储备货币的约束，防止当前主要国际货币——美元的滥发导致贸易盈余国顺差的加快积累。一是完善国际储备货币发行调控机制。采取有效措施约束储备货币的发行，避免国际储备货币的发行按照一个主权国家的利益或经济状况进行，从而防止货币流动性泛滥导致全球经济失衡的加剧。二是构建国际储备货币的监管机制。建立国际储备货币发行国承担相应国际责任的制度，对违反规定的储备货币发行国进行制裁，避免廉价信贷推动虚假的经济繁荣。三是构建国际储备货币的稳定机制。从利率、汇率等影响国际储备货币定值的关键因素入手构建国际储备货币的稳定机制，避免国际储备货币的利率和汇率出现大幅波动，维护国际储备货币的稳定。

3. 加强国际货币政策的协调与合作

世界各经济体应加强货币政策的协调与合作，避免经常项目失衡引发的金融危机进一步蔓延和发展。第一，加强发达国家之间的沟通与协作，协调相互之间的货币政策，减少主要货币汇率之间的波动，以维护国际货币体系的稳定。第二，加强发达国家与发展中国家的协作，推动发达国家在制定货币政策时，既考虑促进本国经济增长，又考虑政策的溢出效应，避免相关政策对发展中国家造成过大的负面冲击。第三，鼓励发展中国家借鉴欧盟与欧元的经验，与经济发展水平相当、经贸往来关系密切的国家加强货币合作，以区域合作的方式增强货币政策的协同性，从而提高应对国际金融市场波动、防范金融危机的抵抗力。

4. 推动国际金融组织运作机制的改革

一是改革国际货币基金组织的职能。增加基金份额、扩大资金实力，增强国际货币基金组织进行危机救助的及时性和有效性；进一步增加发展中国家和新兴经济体的认缴份额，增强其在国际货币基金组织中的话语权；扩大国际货币基金组织的援助范围，强化其应对金融危机的职能。二是充分发挥世界银行、国际清算银行等国际金融机构的作用。提高世界银行在维护国际货币金融体系稳定中的作用，增加其为金融危机发生国提供援助的职能；推动国际清算银行建立国际金融风险预警系统，向成员国及相关国际经济金融组织发布有关金融风险的预警信息。三是发挥欧洲投资银行、亚洲开发银行、非洲亚洲开发银行、泛美亚洲开发银行等区域性金融机构的作用，弥补国际货币基金组织等国际金融组织在危机救助、信息披露等方面存在的不足。

二、调整国内经济结构，建立健全经常项目失衡的内部调节机制

根据两缺口模型“S-I=X-M”，开放经济条件下世界各国经济的内外部均衡相互联系、相互影响：外部经济的失衡是国内经济失衡的表现，投资—储蓄缺口是导致经常项目失衡的重要原因；而金融危机的爆发则是内外部经济失衡达到一定程度的结果。为此，立足于国内经济，改变贸易顺差国消费不足、发达国家过度消费的内部经济失衡格局，对于促进内外部经济均衡发展、防止经常项目失衡引发金融危机具有重要作用。

1. 发达国家与发展中国家协同改善国际收支失衡状态

1977~2011 年，世界平均储蓄率水平为 21.6%，同期亚洲地区发展中国家、中东地区和美国的平均储蓄率则分别为 38.0%、28.1%和 16.1%，东亚国家的储蓄率比美国高出 14.8 个百分点，表现出明显的不平衡性[①]。全球储蓄率不平衡意味着高储蓄国家消费不足，需要通过出口来拉动经济发展；低储蓄国家则消费过度，需要通过负债来支撑本国经济运行。这种持续的不均衡对国际金融体系的稳定产生了严重威胁，失衡状况必须得到有效纠正，否则，持续的失衡会引发金融危机。为此，高储蓄率的发展中国家应当改变出口拉动型的经济增长模式，大力增加国内消费，使出口、消费、投资成为拉动经济发展的均衡的三大动力；低储蓄率的发达国家应转变整个社会过度消费的方式，适当提高储蓄率，将经常项目逆差维持在可持续的范围内。同时，非常重要的一点，发达国家应改变贸易保护主义的做法，取消不合理的出口限制，扩大技术出口。

① 世界银行统计数据库，www.worldbank.org。

2. 调整发展中国家消费不足的内部经济失衡格局

发展中国家应增加国内消费，从长期推行的出口导向型增长模式转变为注重内需的增长模式，改变过度储蓄、消费不足的局面，从而避免经常项目顺差规模进一步扩大。具体措施可包括：积极探索构建扩大消费的长效机制，大力调整收入分配格局，改善收入分配比例，增加中低收入者收入，提高居民消费能力；增加政府支出中用于改善民生和社会事业的比重，加快医疗、失业和养老领域的改革，建立和健全基本公共服务体系，稳定居民消费预期，降低居民预防性储蓄，形成有利于居民消费增长的社会环境；完善金融服务，疏通投资渠道，提高投资效率，缩小储蓄—投资剩余。

3. 调整发达国家过度消费的内部经济失衡格局

发达国家应增加国内储蓄，改变过度消费、储蓄不足的局面，防止经常项目逆差规模进一步扩大。可采取的措施包括：拓宽普通居民收入渠道，增加私人部门储蓄；加快税收、医保等改革，增加对高收入者的征税，提高消费税，缩减养老金、医疗开支等政府支出，避免财政赤字的进一步恶化，增加政府储蓄；改变以往负债消费的经济发展模式，进一步减少储蓄—投资缺口。

三、加强国际资本管理，防控经常项目失衡带来的国际资本流动风险

全球经常项目失衡是引发国际资本流动的重要原因，而国际资本频繁流动则通常是导致金融危机爆发和恶化的诱因。为此，要建立和完善国际资本管理机制，提高资本流动风险的监测和防控能力，避免国际资本流动的突然大量逆转而引发金融危机。

1. 谨慎开放资本项目

要在保持宏观经济稳定的前提下，遵循先国内后国际、先流入后流出、先直接后间接、先机构后个人、先长期后短期的原则逐步开放资本项目，在国内利率市场化和金融市场改革取得一定成效后逐步放松资本自由流动的限制；先允许资本流入，再逐步放松资本流出；先开放直接投资，再放松间接投资限制；先放松对金融机构资本流动的限制，再放松对个人资本流动的限制；先放松对长期资本流动的限制，再放松对短期资本流动的限制。

2. 防止国际资本大规模流入

发展中国家金融体系有待完善，资本账户管理经验仍不丰富，应采取一些控制措施，预防大规模国际资本流入带来的冲击。一是调节国际资本流入的方向和期限。中央银行可以运用公开市场操作、存款准备金率等货币政策工具，调节国际资本的流向和期限结构。在使用相关货币政策工具时，需考虑其对利率的影响，避免利率上升导致资本流入加快。二是限制短期资本尤其是投机性资本的流入。从流入资本的贸易背景真实性、国外借款的限制、银行持有外汇交易净头寸限额、短期货币市场工具的销售等角度，制定短期资本流入的限制措施。三是合理限制对外负债的结构。根据抵御外部风险的能力，实行适当的长期负债和短期负债比率，避免短期资本流动的冲击。四是减少发达国家货币政策的负面溢出效应。依托G20、金砖国家财经合作等平台，推动发达国家尤其是主要储备货币发行国实行负责任的货币政策和财政政策，促进国际资本合理流动，减少其对发展中国家的冲击。

3. 调节国际资本的流向和流量

发展中国家应注重运用市场的、间接的手段对国际资金流向和流量进行调节，防止短期资本流动对国内金融市场、宏观经济体系带来冲击。具体可采取以下措施：一方面，加强财政政策、货币政策、投资政策和产业政策的协调，增强利率弹性，完善税率结构，综合运用本币利率、外币利率、税率等经济杠杆调节国际资金流动的流向和流量；另一方面，加强反洗钱工作，防范投机性跨境资金冲击，严厉打击非法资金流出入。

4. 加强对国际资本流动的监测和预警

强化对国际资本流动状况及其风险的监测和分析，加强对国际资金流向和流量的监测和管理，监控国际资本流动的规模和风险因素。立足于国际资本流动的空间和时间维度风险，选取宏观审慎指标，建立健全国际资金流动监测预警机制，开展宏观经济、金融体系的国际资本流动压力测试。加强跨境资本流动风险管理的国际合作，进一步提高国际资本流动数据的透明度，扩大数据披露的范围，以增强市场主体的风险识别和抵御能力。

四、调节经常项目顺差，避免经常项目盈余持续扩大引发金融危机

经常项目顺差通常是许多国家期待实现的贸易发展目标。然而，并不是所有的顺差都是“好的失衡”，顺差也有可能在长期内引发国内经济结构等问题，进而累积金融危机的风险。为此，顺差国需要促进贸易平衡发展，调整外贸进出口结构，缓解经常项目顺差持续扩大的局面。

1. 促进进口与出口协调发展

顺差国应进一步加强进口，促进对外贸易平衡发展，防止经常项目的顺差持续扩大。一方面，要进一步扩大进口规模。推动发达国家放宽对发展中国家的高技术产品出口管制，扩大先进技术设备、关键零部件进口，促进技术创新；扩大国内短缺的能源、资源和原材料的进口，保障市场供应；适度扩大消费品进口，带动居民消费结构升级。另一方面，要增强进口的主动权。协调大宗农产品、能源产品、矿产品进口，规范进口秩序，提高议价能力；鼓励企业通过多种方式介入国际市场能源资源、大宗农产品定价体系，提升价格话语权。

2. 优化出口贸易结构

发展中国家应加快产业结构调整与升级，努力提高出口产品的档次，增强国际竞争力。一是优化出口产业和商品结构。大力发展新兴出口产业，推动战略性新兴产业国际化；扩大技术和资金密集型的机电产品、高新技术产品和节能环保产品的出口；鼓励自有品牌、自有知识产权和高附加值产品的出口；提高劳动密集型产品出口质量、档次和附加值；控制高耗能、高污染和资源性产品出口。二是推动加工贸易转型升级。建立健全加工贸易企业准入制度，严格控制“两低一高”，即技术含量低、附加值低、环境污染高的加工贸易企业；鼓励加工贸易企业加大研发力度，将业务领域由单纯的生产加工向产品营销等领域延伸，促进其转型升级。三是大力发展服务贸易。大力发展金融、咨询、法律等现代服务业，鼓励国内服务企业走出国门，引进国外的先进技术和管理经验，降低资源和能源消耗，改善本国在国际经济贸易交往中的地位。

3. 积极发展境外加工贸易

发展境外加工贸易，有助于转移顺差国的部分顺差。顺差国可引导和

支持国内企业将加工制造工序转移出去，促进加工设备和上游产品的出口，开拓境外贸易市场，或利用当地配额扩大对欧美发达国家的出口。在加工贸易的重点投资产业方面，可以考虑以下三类：国内原材料、零部件供给率较高的产业；最后的加工环节附加值较低的产业；国内生产能力相对过剩且对欧美发达国家被动配额出口的产业。

4. 建立进出口并重的外贸结构

长期以来，大部分发展中国家采取出口导向型的经济发展战略，这种战略加大了国际贸易摩擦，同时导致贸易条件恶化。面对国际金融危机的冲击，西方发达国家市场需求疲弱使得发展中国家出口导向型的外贸结构难以为继。为此，顺差国应调整外贸战略，形成进出口并重的外贸结构。一是建立以市场为主导的出口模式。逐步取消以出口创汇为目标的外贸战略，将政策主导的出口模式变为以市场为主导的出口模式，发挥市场机制的作用，由市场决定进出口价格和进出口数量。二是限制高能耗、高污染和资源性产品的出口。取消对高能耗、高污染和资源性产品的出口退税政策，在适度减少顺差的同时，加大对环境和资源的保护。三是由重视贸易顺差向重视贸易平衡转变。在适度控制出口规模的同时，适度加大进口，着力优化进出口结构，转变以外贸拉动经济的发展方式，加大对高新技术产品、先进技术设备以及能源型、资源型产品的进口，建立合理的进出口外贸结构。

参考文献

巴曙松:《东南亚货币危机带来的思考》,《世界知识》1997 年第 19 期。
仇华飞:《对引发墨西哥金融危机原因的再认识》,《世界经济研究》2005 年第 12 期。
方红艳、傅连康:《货币危机预警机制分析——危机前经常账户相关指标的表现》,《国际商务研究》2006 年第 4 期。
方文:《对国际收支危机传染的比较研究》,《世界经济》2000 年第 6 期。
方星海、易纲:《东南亚国家和墨西哥金融危机对中国的启示》,《财贸经济》1998 年第 1 期。
弗洛里安·A.阿尔布罗、向来:《亚洲金融危机和菲律宾的反应:长期的见解(上)》,《南洋资料译丛》2000 年第 3 期。
甘小芳、许少强:《中美日三国经常项目失衡原因比较研究——基于跨期均衡的视角》,《国际金融研究》2010 年第 11 期。
顾标、王剑锋:《中国贸易顺差研究的脉络梳理与未来展望》,《经济评论》2011 年第 1 期。
何慧刚:《汇率制度、资本流动与金融危机:理论和实证分析》,《中央财经大学学报》2006 年第 12 期。
贺力平、林娟:《试析国际金融危机与全球经济失衡的关系——兼评伯南克—保尔森“金融危机外因论”》,《国际金融研究》2009 年第 5 期。
胡援成:《经常项目逆差会导致货币危机吗》,《当代财经》2005 年第 1 期。
华民:《世界经济失衡:概念、成因与中国的选择》,《吉林大学社会科学学报》2007 年第 1 期。
黄志刚:《货币政策与贸易不平衡的调整》,《经济研究》2011 年第 3 期。
金中夏、曹莉:《韩国、马来西亚应对金融危机的不同选择》,《国际经济评论》1999 年第 5 期。
靳玉英、万超、周洁、丁浩员:《资本流入的突然中断与经常账户赤字的有效调节》,《世界经济研究》2010 年第 9 期。
李文:《持续的经常项目赤字与金融危机》,《中央财经大学学报》1998 年第 2 期。
李扬、何海峰:《美国经常账户失衡:表现、理论与政策——兼驳伯南克“世界储蓄过剩”论》,《国际金融研究》2009 年第 12 期。
李扬、余维彬:《全球经济失衡与中国经济发展战略》,载中国社会科学院经济学部编:《全球经济失衡与中国经济发展》,经济管理出版社 2006 年版。
林梅:《印度尼西亚金融危机及其对经济的影响》,《南洋问题研究》1998 年第 2 期。
刘洪钟、杨攻研:《全球经济失衡的调整及中国对策:一种政治经济解释》,《经济学家》2011 年第 5 期。
刘伟:《货币危机:内外失衡、汇率失调与国际货币体系》,华南师范大学博士学位论文,2007 年。
卢瑾:《全球经济失衡:特征、机制及可持续性》,中国社会科学院研究生院博士学位论文,2010 年。
潘雅琼、唐传宝:《经常项目失衡可维持性的动态关系协整研究——来自日本的经验数据》,《广东金融学院学报》2012 年第 3 期。
潘雅琼:《汇率波动下经常项目失衡可维持性研究综述》,《经济研究导刊》2010 年第 16 期。
曲昭光:《人民币资本账户可兑换的前提条件:基于国际收支结构可维持性的分析》,《世界经济》2006 年第 2 期。
萨秋荣:《经常项目逆差与金融危机关系分析》,《生产力研究》2010 年第 1 期。
沈红芳:《亚洲金融危机:东亚模式转变的催化剂——对泰国与菲律宾的案例研究》,《世界经济》2001 年第 10 期。
沈红芳:《亚洲金融危机过程中菲律宾中央银行的主要对策与作用》,《国际金融研究》1999 年第 6 期。
盛宏清:《政府赤字与金融危机之间的关系》,《拉丁美洲研究》2003 年第 2 期。
帅旭、包明友:《关于中美两国经常项目失衡的动态分析》,《中国货币市场》2009 年第 7 期。

孙立坚:《开放经济中的外部冲击效应和汇率安排》,上海人民出版社 2005 年版。

孙立坚、孙立行:《对外开放和经济波动的关联性检验》,《经济研究》2005 年第 6 期。

谭雅玲:《墨西哥金融危机的前因后果及其启示》,《国际金融研究》1995 年第 3 期。

王亮亮、苗永旺:《金融危机爆发前后主要经济指标的规律性波动趋势探讨——基于文献评述的视角》,《经济社会体制比较》2009 年第 6 期。

王少萱:《从美国经常账户赤字分析金融危机的起因——造成美元流动性过剩的机制分析》,《浙江金融》2009 年第 10 期。

王信:《我国的经常项目顺差能否持续》,《国际金融研究》2004 年第 1 期。

王叙果:《金融约束:经常项目失衡分析的新思路》,《财贸经济》2006 年第 9 期。

王怡:《金融危机对马来西亚外贸的影响》,《东南亚纵横》1998 年第 4 期。

道格拉斯·西科尔斯基、向来:《印度尼西亚的金融危机:解释与争议》,《南洋资料译丛》1999 年第 3 期。

弗洛里安·A.阿尔布罗、向来:《亚洲金融危机和菲律宾的反应:长期的见解(下)》,《南洋资料译丛》2000 年第 4 期。

杨奇才、韩文龙:《财政赤字、利率波动与金融危机——美国金融危机再审视》,《财经科学》2013 年第 1 期。

姚建农:《跨国资本流动变化规律及其影响——从墨西哥金融危机谈起》,《国际经贸探索》1996 年第 2 期。

伊特韦尔等:《新帕尔格雷夫经济学大辞典》,许明月等译,经济科学出版社 1996 年版。

攸频、万志宏:《全球经济失衡的可持续性与经济危机——基于经常账户平稳性的视角》,《上海经济研究》2009 年第 5 期。

余永定、覃东海:《中国的双顺差:性质、根源和解决办法》,《世界经济》2006 年第 3 期。

余永定:《全球国际收支不平衡与中国的对策》,《国际金融研究》2007 年第 1 期。

张晓晶、汤铎铎、林跃勤:《全球失衡、金融危机与中国经济的复苏》,《经济研究》2009 年第 5 期。

赵文军、于津平:《中国贸易顺差成因研究——基于跨时最优消费理论的实证分析》,《经济研究》2008 年第 12 期。

郑红:《后危机时期全球经常账户的调整格局》,《中国金融》2010 年第 11期。

朱超、张林杰:《全球经常账户均衡决定、可持续性与失衡调整——文献评述与展望》,《上海金融》2012 年第 1 期。

朱月:《全球经济失衡与全球金融危机》,《管理世界》2009 年第 12 期。

庄礼伟:《亚洲金融危机中的菲律宾》,《东南亚研究》1999 年第 3 期。

Abell, John D., "The Role of the Budget Deficit During the Rise in the Dollar Exchange Rate from 1979-1985", *Southern Economic Journal*, 1990.

Ahmed, Shaghil, "Temporary and Permanent Government Spending in an Open Economy: Some Evidence for the United Kingdom", *Journal of Monetary Economics*, Vol.17, No.2, 1986.

Atesoglu, H. Sonmez, and Donald H. Dutkowsky, " On the Dynamics of Balance of Payments Constrained Growth", *Applied Economics*, Vol. 29, No.10, 1997.

Bagnai, Alberto and Stefano Manzocchi, " Current Account Reversals in Developing Countries: The Role of Fundamentals", *Open Economics Review*, Vol.10, No.2, April 1999.

Baharumshah, Ahmad Zubaidi, Evan Lau, and Stilianos Fountas, " On the Sustainability of Current Account Deficits: Evidence from Four ASEAN Countries", *Journal of Asian Economics*, Vol.14, No.3, 2003.

Bahmani-Oskooee, Mohsen, "On the Effects of Effective Exchange Rates on Trade Flows", *Indian Journal of Economics*, Vol.256, 1984.

Beck T., "Financial Development and International Trade: Is There a Link?" *Journal of International Economics*, Vol.57, No.1, 2002.

Becker B.and Greenberg D., " Financial Development, Fixed Costs and International Trade", Working Paper, Harvard Business School, 2007.

Belkar, Rochelle, Lynne Cockerell, and Christopher Kent, "Current Account Deficits: The Australian Debate", Reserve Bank of Australia Research Discussion Paper 2007-02, March 2007.

Bernanke B., "The Global Saving Glut and the US Current Account Deficit", Sandridge Lecture, Virginia Association of Economics, Richmond,

Virginia, March 10, 2005.

Bernanke, Ben S., Gertler, Mark and Gilchrist, Simon, "The Financial Accelerator in a Quantitative Business Cycle Framework", In J. B. Taylor and M. Woodford, eds., *Handbook of Macroeconomics*, Ed.1, Vol. 1, 1999, Chapter 21.

Bernanke, Ben, Jean Boivin, and Piotr Eliasz, "Measuring Monetary Policy: A Factor Augmented Vector Autoregressive (FAVAR) Approach", *Quarterly Journal of Economics*, Vol.120, No.1, 2005.

Bosworth, Barry P. and Susan M. Collins, "Capital Flows to Developing Economies: Implications for Saving and Investment", *Brookings Papers on Economic Activity*, No.1, 1999.

Bracke, Thierry, Matthieu Bussière, Michael Fidora and Roland Straub, "A Framework for Accessing Global Imbalances", European Central Bank Occasional Paper, No.78, January 2008.

Blanchard, Olivier J., "Current Account Deficits in Rich Countries", IMF Staff Papers, *Palgrave Macmillan Journals*, Vol. 54, No.2, June 2007.

Blanchard, Olivier J. and Francesco Giavazzi, "Current Account Deficits in the Euro Area. The End of the Feldstein Horioka Puzzle?" Brookings Papers on Economic Activity, No.2, 2002.

Blanchard, Olivier J. and Gian-Maria Milesi-Ferretti, "(Why) Should Current Account Imbalances Be Reduced?", International Monetary Fund Staff Discussion Note SDN/11/03, March 2011.

Blanchard, Olivier J. and Gian-Maria Milesi-Ferretti, "Global Imbalances: In Midstream?", International Monetary Fund Staff Position Note SPN/09/29, December 2009.

Blanchard, Olivier J., "The Crisis: Basic Mechanisms and Appropriate Policies", *International Monetary Fund*, 2009.

Borio, Claudio and Piti Disyatat, "Global Imbalances and the Financial Crisis: Link or No Link?", *Bank for International Settlements*, No. 346, 2011.

Bussière, Matthieu, Marcel Fratzscher and Gernot J. Müller, "Productivity Shocks, Budgets Deficits and the Current Account", European Central Bank Working Paper No.509, August 2005.

Caballero, Ricardo, Emmanuel Farhi, and Pierre-Olivier Gourinchas, "An Equilibrium Model of 'Global Imbalances' and Low Interest Rates", *American Economic Review*, Vol. 98, March 2008.

Caballero, Ricardo, Emmanuel Farhi and Pierre-Olivier Gourinchas, "Financial Crash, Commodity Prices, and Global Imbalances", Brookings Papers on Economic Activity, Fall, 2008.

Catao L., Milesi-Ferretti G.M., "External Liabilities and Crises", Manuscript, International Monetary Fund, 2011.

Chen Ruo, Gian Maria Milesi-Ferretti and Thierry Tressel, "External Imbalances in the Euro Area", International Monetary Fund Working Paper WP/12/236, September 2012.

Chinn, Menzie D. and Hiro Ito., "Current Account Balances, Financial Development and Institutions: Assaying the World 'saving glut'", *Journal of International Money and Finance*, Vol. 26, No.4, 2007.

Cline, William R., "The United States as a Debtor Nation", Peterson Institute, 2005.

Cooper, Richard N., "Living with Global Imbalances: A Contrarian View", *Brookings Papers on Economic Activity*, No.2, 2007.

Cooper, Richard N., "The Balance of Payments in Review", *Journal of Political Economy*, Vol. 74, August 1966.

Corden W., "Does the Current Account Matter? The Old View and the New", *Economic Papers: A Journal of Applied Economics and Policy*, No. 10, 1991.

Corden W., "Those Current Account Imbalances: A Skeptical View", *World Economy*, Vol. 30, March 2007.

Corsetti, Giancarlo, Paolo Pesenti and Nouriel Roubini, "Fundamental Determinants of the Asian Crisis: The Role of Financial Fragility and External Imbalances", *Regional and Global Capital Flows: Macroeconomic Causes and Consequences*, NBER-EASE Vol.10, University of Chicago Press, 2001.

Corsetti, Giancarlo and Gernot J. Müller, "Twin Deficits: Squaring Theory, Evidence and Common Sense", Economics Working Papers ECO2005/22,

European University Institute.

Darrat, Ali F., "Have Large Budget Deficits Caused Rising Trade Deficits?", *Southern Economic Journal*, 1988.

Domeij D., Floden M., "Population Aging and International Capital Flows", *International Economic Review*, No.47, 2006.

Dooley, Michael P., David Folkerts-Landau and Peter Garber, "The Revived Bretton Woods System", *International Journal of Finance and Economics*, Vol.9, No.4, October 2004.

Edwards, Sebastian, "Does the Current Account Matter?", In Sebastian Edwards and Jeffrey A. Frankel, eds., *Preventing Currency Crises in Emerging Markets*, Chicago: University of Chicago Press, 2002.

Edwards, Sebastian, "Crisis Prevention: Lessons from Mexico and East Asia", In Harwood, A., R.E. Litan, and M. Pomerleano, eds., *Financial Markets and Development: The Crisis in Emerging Markets*, World Bank, 1999.

Edwards, Sebastian, "The Mexican Peso Crisis: How Much Did We Know? When Did We Know It?", *The World Economy*, Blackwell Publishing, Vol. 21, No.1, 1998.

Erceg, Christopher J., Luca Guerrieri and Christopher Gust, "Expansionary Fiscal Shocks and the US Trade Deficit", *International Finance*, Vol.8, No.3, 2005.

Feldstein M.and C. Horioka, "Domestic Saving and International Capital Flows", *Economic Journal*, Vol.90, 1980.

Feroli, Michael, Capital Flows Among the G-7 Nations: A Demographic Perspective, Vol. 3, Divisions of Research & Statistics and Monetary Affairs, Federal Reserve Board, 2003.

Flood, Robert P., Peter M. Garber and Charles Kramer, "Collapsing Exchange Rate Regimes: Another Linear Example", *Journal of International Economics*, Vol.41, No.3, 1996.

Flood, Robert P.and Nancy P. Marion, "Speculative Attacks: Fundamentals and Self-Fulfilling Prophecies", No. w5789, National Bureau of Economic Research, 1996.

Fry, Maxwell J., "How Foreign Direct Investment in Pacific Asia improves the Current account", *Journal of Asian Economics*, Vol.7, No.3, 1997.

Genberg, Hans, and Alexander K. Swoboda, "The Current Account and the Policy Mix Under Flexible Exchange Rates", International Monetary Fund, 1987.

Ghosh, Atish R., " International Capital Mobility Amongst the Major Industrialised Countries: Too Little or Too Much?", *The Economic Journal*, 1995.

Giavazzi, Francesco and Luigi Spaventa, " Why the Current Account May Matter in a Monetary Union: Lessons from the Financial Crisis in the Euro Area", Centre for Economic Policy Research Discussion Paper 8008, September 2010.

Giraldo, German and Arthur J. Mann, "Latin American External Debt Growth: A Current Account Explanatory Model, 1973 –1984", *The Journal of Developing Areas*, 1989.

Goldfajn, Ilan and Rodrigo O. Valdés, " Are Currency Crises Predictable?", *European Economic Review*, Vol.42, No.3, 1998.

Gourinchas P., Obstfeld M., "Stories of the Twentieth Century for the Twenty–First", *American Economic Journal: Macroeconomics*, No.4, 2012.

Gruber, Joseph W. and Steven B. Kamin, " Explaining the Global Pattern of Current Account Imbalances", *Journal of International Money and Finance*, Vol.26, No.4, 2007.

Halikias, Ioannis, "Long–Term Trends in the Saving–Investment Balance and Persistent Current Account Surpluses in a Small Open Economy—The Case of the Netherlands", No. 96/42, International Monetary Fund, 1996.

Harburger A.C., "Currency Depreciation, Income, and the Balance of Trade", *The Journal of Political Economy*, Vol.58, 1950.

Hausmann, Ricardo and Federico Sturzenegger, " US and Global Imbalances: Can Dark Matter Prevent a Big Bang?", *Harvard University*, 2005.

Henriksen E.R., " A Demographic Explanation of US and Japanese Current Account Behavior", Unpublished Manuscript, Carnegie Mellon University, 2002.

Holman, Jill A., "Is the Large US Current Account Deficit Sustainable?", *Economic Review*, Federal Reserve Bank of Kansas City, Vol.86, No. 1, 2001.

Hunter, William C., George G. Kaufman and Thomas H. Krueger, "Asian Financial Crises: Origins, Implications and Solutions", Kluwer Academic Publishers, January 2001.

Hur, Jung, Manoj Raj and Yohanes E. Riyanto, "Finance and Trade: A Cross-Country Empirical Analysis on the Impact of Financial Development and Asset Tangibility on International Trade", *World Development*, Vol. 34, No.10, 2006.

International Monetary Fund, "Spain: Financial Stability Assessment", IMF Country Report 12/137, June 2012.

Ingram, James C., "The Case for European Monetary Integration", International Finance Section, Princeton University, Essays in International Finance, No. 98, April 1973.

Jaumotte, Florence and Piyaporn Sodsriwiboon, "Current Account Imbalances in the Southern Euro Area", International Monetary Fund Working Papers 10/139, June 2010.

Jordà, Òscar, Moritz Schularick, and Alan M. Taylor, "Financial Crises, Credit Booms, and External Imbalances: 140 Years of Lessons", *IMF Economic Review*, Vol.59, No.2, June 2011.

Kano, Takashi, "A Structural VAR Approach to the Intertemporal Model of the Current Account", *Journal of International Money and Finance*, Vol. 27, No.5, 2008.

Kearney, Colm and Mehdi Monadjemi, "Fiscal Policy and Current Account Performance: International Evidence on the Twin Deficits", *Journal of Macroeconomics*, Vol.12, No.2, 1990.

Khan, Mohsin S.and Malcolm D. Knight, "Determinants of Current Account Balances of Non-Oil Developing Countries in the 1970s: An Empirical Analysis", Staff Papers-International Monetary Fund, 1983.

Kraay, Aart and Jaume Ventura, "Current Accounts in the Long and the Short Run", *NBER Macroeconomics Annual* 2002, Vol. 17, MIT Press, 2003.

Krueger, eds., Regional and Global Capital Flows: Macroeconomics Causes and Consequences, NBER-EASE, Vol. 10, 2001.

Krugman, Paul, "A Model of Balance-of-Payments Crises", *Journal of Money, Credit, and Banking*, Vol.11, No.3, August 1979.

Krugman, Paul R. and Maurice Obstfeld, "International Economic Theory and Practice", 1999.

Krugman, Paul, "Analytical Afterthoughts on the Asian Crisis", *Economic Theory, Dynamics and Markets*, Springer US, 2001.

Lane, Philip R. and Barbara Pels, "Current Account Imbalances in Europe", Centre for Economic Policy Research Discussion Paper No. DP8958, May 2012.

Lane, Philip R. and Gian Maria Milesi-Ferretti, "The External Wealth Mark Ⅱ: Revised and Extended Estimates of Foreign Assets and Liabilities, 1970-2004", International Monetary Fund Working Papers 06/69, March 2006.

Laursen S., Metzler L.A., "Flexible Exchange Rates and the Theory of Employment", *The Review of Economics and Statistics*, Vol.32, 1950.

Levchenko, Andrei A., "Institutional Quality and International Trade", *The Review of Economic Studies*, Vol. 74, No.3, 2007.

Laeven, Luc and Fabian Valencia, "Systemic Banking Crises Database", *IMF Economic Review*, Vol. 61, No.2, 2013.

Mann, Catherine L., "Perspectives on the US Current Account Deficit and Sustainability", *Journal of Economic Perspectives*, 2002.

Mann, Catherine L., "The US Current Account, New Economy Services, and Implications for Sustainability", *Review of International Economics*, Vol. 12, No.2, 2004.

McKinnon, Ronald I.and Huw Pill, "Credible Economic Liberalizations and Overborrowing", *The American Economic Review*, 1997.

McKinnon, Ronald I. and Huw Pill, "Exchange-Rate Regimes for Emerging Markets: Moral Hazard and International Overborrowing", *Oxford Review of Economic Policy*, Vol.15, No.3, 1999.

McKinnon, Ronald, "The World Dollar Standard and Globalization: New

Rules for the Game", *Exchange Rates, Economic Integration and the International Economy*, APF Press, Toronto, 2004.

McKinnon, Ronald and Gunther Schnabl, "The Return to Soft Dollar Pegging in East Asia: Mitigating Conflicted Virtue", *International Finance*, Vol. 7, No.2, 2004.

McKinnon, Ronald and Gunther Schnabl, "The Case for Stabilizing China's Exchange Rate: Setting the Stage for Fiscal Expansion", *China & World Economy*, Vol. 17, No.1, 2009.

McKinnon R.I., "Trapped by the International Dollar Standard", *Journal of Policy Modeling*, No.27, 2005.

Meade, James Edward, The Balance of Payments, Oxford: Oxford University Press, Vol. 432, 1951.

Mendoza Enrique G., "An Anatomy of Credit Booms and Their Demise", National Bureau Economic Research Working Paper No.18379, September 2012.

Mendoza, Enrique G., Vincenzo Quadrini and José -Victor Rios -Rull, "Financial Integration, Financial Development, and Global Imbalances", *Journal of Political Economy*, Vol. 117, June 2009.

Miles, Marc A., "The Effects of Devaluation on the Trade Balance and the Balance of Payments: Some New Results", *The Journal of Political Economy*, 1979.

Milesi -Ferretti, Gian Maria, Francesco Strobbe and Natalia Tamirisa, "Bilateral Financial Linkages and Global Imbalances: A View on the Eve of the Financial Crisis", International Monetary Fund Working Papers 10/257, November 2010.

Milesi -Ferretti, Gian Maria and Cédric Tille, "The Great Retrenchment: International Capital Flows During the Global Financial Crisis", *Economic Policy*, No.26, 2011.

Milesi -Ferretti G.M., Razin A., "Persistent Current Account Deficits: A Warning Signal?", *International Journal of Finance & Economics*, No. 1, 1996.

Milesi -Ferretti G.M., Razin A., "Current Account Sustainability: Selected

East Asian and Latin American Experiences", National Bureau of Economic Research, 1996.

Morris, Stephen, and Hyun Song Shin, "Unique Equilibrium in a Model of Self-Fulfilling Currency Attacks", *American Economic Review*, 1998.

Nassar A. A., "Current Account and Adjustment Policies: A Case Study of Saudi Arabia", Diss. Ph. D. Dissertation, Fort Collins, Colorado State University, 2000.

Neil Dias Karunaratne, "The Sustainability of Australia's Current Account Deficits—A Reappraisal After the Global Financial Crisis", *Journal of Policy Modeling*, Vol.32, No.1, January-February 2010.

Nunn, Nathan, "Relationship-Specificity, Incomplete Contracts, and the Pattern of Trade", *The Quarterly Journal of Economics*, 2007.

Obstfeld, Maurice, "Does the Current Account Still Matter?", *American Economic Review*, Vol. 102, No.3, May 2012.

Obstfeld, Maurice, "Rational and Self-Fulfilling Balance-of-Payments Crises", *American Economic Review*, Vol. 76, No.1, March 1986.

Obstfeld, Maurice and Kenneth Rogoff, "Global Imbalances and the Financial Crisis: Products of Common Causes", In Reuven Glick and Mark M. Spiegel, eds., *Asia and the Global Financial Crisis*, San Francisco: Federal Reserve Bank of San Francisco, 2010.

Obstfeld, Maurice and Kenneth Rogoff, *Foundations of International Macroeconomics*, MIT Press, 1996.

Obstfeld M., "Financial Flows, Financial Crises, and Global Imbalances", *Journal of International Money and Finance*, No.31, 2012.

Obstfeld M., Rogoff K., "Exchange Rate Dynamics Redux", NBER Working Paper Series, No.w4693, 1996.

Obstfeld M., Rogoff K., "The Intertemporal Approach to the Current Account", *Handbook of International Economics*, No.3, 1995.

Obstfeld M., *The Logic of Currency Crises*, Springer, 1995.

Ostry, Mr Jonathan David, Current Account Imbalances in ASEAN Countries-Are They a Problem? (EPub), International Monetary Fund, 1997.

Otto G., "Testing a Present-Value Model of the Current Account: Evidence from US and Canadian Time Series", *Journal of International Money and Finance*, No.11, 1992.

Pitchford, John, "A Sceptical View of Australia's Current Account and Debt Problem", *Australian Economic Review*, No.86, Winter 1989.

Razin A., "The Dynamic-Optimizing Approach to the Current Account: Theory and Evidence", 1995.

Reinhart, Carmen M. and Graciela L. Kaminsky, "The Twin Crises: The Causes of Banking and Balance-of-Payments Problems", *American Economic Review*, Vol. 89, No. 3, June 1999.

Reinhart, Carmen M. and Kenneth S. Rogoff, "This Time is Different: A Panoramic View of Eight Centuries of Financial Crises", No. 13882, National Bureau of Economic Research, 2008.

Renzo G. Avasani, Antonio Gacia Pascual and Elina Ribakova, "The Uses of Mortgage Covered Bonds", Intrernational Monetary Fund Working Papers 07/20, January 2007.

Robichek W., "Some Reflections About External Public Debt Management", Estudios Monetarios VII, 1981.

Roubini, Nouriel and Brad Setser, "The US as a Net Debtor: The Sustainability of the US External Imbalances", New York: New York University, September 2004.

Sachs J.D., "Aspects of the Current Account Behavior of OECD Economies", 1982.

Sachs J.D., Cooper R.N., Fischer S., "The Current Account and Macroeconomic Adjustment in the 1970s", Brookings Papers on Economic Activity, 1981.

Schularick, Moritz and Alan M. Taylor, "Credit Booms Gone Bust: Monetary Policy, Leverage Cycles, and Financial Crises, 1870-2008", *American Economic Review*, Vol.102, No.2, April 2012.

Sheffrin, Steven M.and Wing Thye Woo, "Present Value Tests of an Intertemporal Model of the Current Account", *Journal of International Economics*, Vol.29, No.3, 1990.

Stoker, James, "Intermediation and the Business Cycle Under a Specie

Standard: The Role of the Gold Standard in English Financial Crises, 1790–1850", Mimeo, University of Chicago, 1994.

Taylor A.M., "A Century of Current Account Dynamics", *Journal of International Money and Finance*, No.21, 2002.

Thirlwall A.P., "The Balance of Payments Constraint as an Explanation of International Growth Rate Differences", *Banca Nazionale del Lavoro Quarterly Review*, No.32, 1979.

Waysand, Claire, Kevin Ross and John de Guzman, "European Financial Linkages: A New Look at Imbalances", International Monetary Fund Working Papers 10/295, December 2010.

Wickens, Michael R. and Merih Uctum, "The Sustainability of Current Account Deficits: A Test of the US Intertemporal Budget Constraint", *Journal of Economic Dynamics and Control*, Vol.17, No.3, 1993.

Winner L. E., "The Relationship of the Current Account Balance and the Budget Balance", *The American Economist*, 1993.

Wu, Jyh-Lin, Show-Lin Chen and Hsiu-Yun Lee, "Are Current Account Deficits Sustainable: Evidence from Panel Cointegration", *Economics Letters*, Vol.72, No.2, 2001.

Yu, Yongding, "Global Imbalances and China", *The Australian Economic Review*, Vol. 40, No. 1, 2007.

Zietz, Joachim and Donald K. Pemberton, "The US Budget and Trade Deficits: A Simultaneous Equation Model", *Southern Economic Journal*, 1990.

索 引

C

D

F

G

H

J

K

M

P

Q

S

T

W

X

Y

Z

后　记

本书是我在中国社会科学院世界经济与政治所从事博士后研究期间，在博士论文的基础上修改完成的。在本书完成之际，首先要感谢恩师李扬教授在我人生最重要的转折时期给了我继续求学的机会。李老师渊博的学识、严谨的治学态度以及儒雅的学者风度令我景仰，李老师对学生的关心和鼓励更是给予了我前行的动力。我自初中毕业后一直在海外求学，硕士专业又是法律，因此在写作的过程中经历了比别人更多的困难与挫折，但李老师在百忙之中仍不忘关心我的写作进程，在本书选题、写作与资料的收集过程中不厌其烦地进行悉心指导，对此，我内心的感激之情是难以言表的。

感谢王国刚教授、周茂清教授和郭金龙教授，各位老师对我的选题方向提出的宝贵意见和建议令我对很多问题有了更加深入的思考。特别感谢殷剑峰师兄和胡志浩师兄对我的无私指导和帮助。殷剑峰师兄在选题方向和研究方法上的建议令我获益匪浅；胡志浩师兄在研究框架方面的指点也给了我非常大的启发。另外，还要感谢彭兴韵老师和曾刚老师对我的建议和帮助。

自从事博士后研究以来，我得到了张宇燕老师、何帆老师、胡滨老师、张斌老师和张明老师的悉心指导和帮助，在此也向各位老师表示衷心感谢。

最后，要感谢我的父母，他们从小就锻炼我独立生活和思考的能力，鼓励我追求自己的理想，没有他们的理解和无条件支持，我不可能辞去工作继续深造，也不可能顺利完成博士学位。

回望本书写作这一痛并快乐着的过程，深感学海无涯。为了自己的理想和一路走来给予帮助和支持的老师、同学、朋友和亲人们，我会一直努力下去。

匡可可

2014 年 8 月